O DIÁRIO DE RYWKA

O DIÁRIO DE RYWKA

ENCONTRADO EM AUSCHWITZ EM 1945
PUBLICADO PELA PRIMEIRA VEZ 70 ANOS DEPOIS

RYWKA LIPSZYC

Tradução do inglês
ALESSANDRA ESTECHE

O selo jovem da Companhia das Letras

Copyright © 2014 by Jewish Family and Children's Services of San Francisco, the Peninsula, Marin and Sonoma Counties

O selo Seguinte pertence à Editora Schwarcz S.A.

Grafia atualizada segundo o Acordo Ortográfico da Língua Portuguesa de 1990, que entrou em vigor no Brasil em 2009.

TÍTULO ORIGINAL The Diary of Rywka Lipszyc: Found in Auschwitz by the Red Army in 1945 and First Published in San Francisco in 2014

CAPA E PROJETO GRÁFICO Joana Figueiredo

PREPARAÇÃO Mell Brites

REVISÃO Renata Lopes Del Nero, Jane Pessoa

Dados Internacionais de Catalogação na Publicação (CIP)
(Câmara Brasileira do Livro, SP, Brasil)

Lipszyc, Rywka
    O diário de Rywka : encontrado em Auschwitz em 1945, publicado pela primeira vez 70 anos depois / Rywka Lipszyc; tradução do inglês Alessandra Esteche. – 1ª ed. – São Paulo : Seguinte, 2015.

    Título original: The Diary of Rywka Lipszyc : Found in Auschwitz by the Red Army in 1945 and First Published in San Francisco in 2014.
    ISBN 978-85-65765-67-1

    1. Guetos judaicos – Polônia – Lodz – História 2. Holocausto judeu (1939-1945) – Polônia – Lodz – Narrativas pessoais 3. Judeus – Perseguições – Polônia – Lodz 4. Judeus – Polônia – Lodz – Biografia 5. Lipszyc, Rywka, 1929 – Diários 6. Lodz (Polônia) – Relações étnicas I. Título

15 - 03494   CDD-920.0092924

Índice para catálogo sistemático:
    1. Polônia : Gueto de Lodz : Sobreviventes do Holocausto : Memórias autobiográficas 920.0092924

[2015]
Todos os direitos desta edição reservados à
EDITORA SCHWARCZ S.A.
Rua Bandeira Paulista, 702, cj. 32
04532-002 — São Paulo — SP
Telefone: (11) 3707-3500
Fax: (11) 3707-3501
www.seguinte.com.br
www.facebook.com/editoraseguinte
contato@seguinte.com.br

Rywka Lipszyc foi uma das centenas de milhares de adolescentes judeus que viveram na Europa ocupada pelos nazistas e nunca tiveram a chance de vivenciar os prazeres e as dores típicos da adolescência. Assim como ela, todos tinham esperanças e sonhos, medos e tristezas, alegrias e paixões.

Pouquíssimos sobreviveram e, entre os que foram assassinados, apenas alguns deixaram registros de suas vidas. Dedicamos este livro a esses jovens cujas palavras se perderam para sempre e a suas famílias.

POLÔNIA APÓS A CONQUISTA NAZISTA, 1939

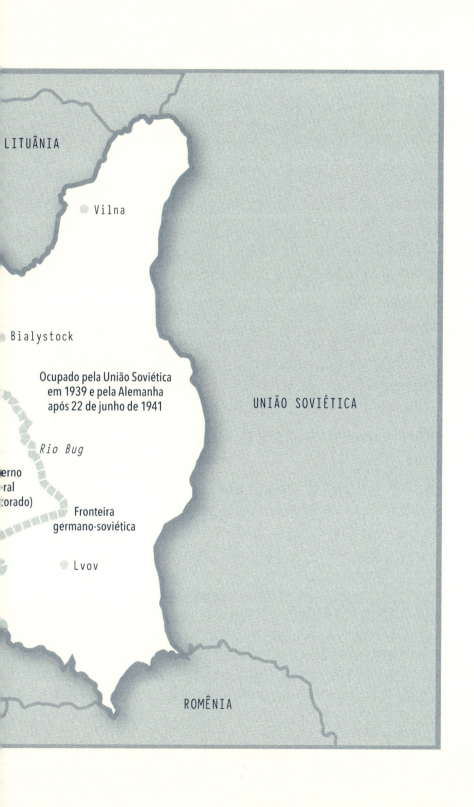

SUMÁRIO

Introdução: Rywka Lipszyc — Crescendo no Gueto de Lodz   11

O diário de Rywka Lipszyc   53

A cidade de Rywka, o gueto de Rywka   151

O que aconteceu com Rywka Lipszyc?   171

Agradecimentos   193

Referências bibliográficas   197

Créditos das imagens   201

Alguns anos atrás, em meus sonhos, quando imaginava meu futuro, as vezes eu via: uma noite qualquer, um escritório, uma mesa, uma mulher sentada a mesa (uma mulher mais velha). Ela escrevia... escrevia... e escrevia... o tempo todo. Alheia a tudo ao seu redor, escrevia. Consigo me ver como essa mulher.

RYWKA LIPSZYC

INTRODUÇÃO
RYWKA LIPSZYC — CRESCENDO NO GUETO DE LODZ

Alexandra Zapruder

Rywka Lipszyc iniciou o único volume remanescente de seu diário logo após seu aniversário de catorze anos. Preencheu à mão mais de cem páginas durante seis meses, de outubro de 1943 a abril de 1944, e de repente parou. Um ano depois, uma médica soviética que acompanhava as forças libertadoras do Exército Vermelho o encontrou em Auschwitz-Birkenau, perto das ruínas dos crematórios. Se a jornada do diário sugere o caminho que Rywka percorreu em direção à morte quase certa, suas páginas contam uma história ainda mais comovente. Através de seus escritos, Rywka lutou para entender a si mesma e se expressar, revelando tanto as dificuldades físicas da vida no gueto quanto a confusão emocional que sentia por ter crescido durante o Holocausto.

Nascida em 15 de setembro de 1929, Rywka era a mais velha dos quatro filhos de Yankel e Miriam Sarah Lipszyc. Seu irmão Abram, chamado de Abramek, nasceu em 1932, seguido por Cypora, conhecida como Cipka, que veio ao mundo em 1933. A caçula da família, Estera, apelidada de Tamarcia, nasceu em 1937. Os pais de Rywka eram de Lodz, na Polônia. Yankel — o quinto dos oito filhos de Avraham Dov e Esther Lipszyc — morava com a família muito perto de seus irmãos e de outros parentes. Através de Hadassah, esposa de seu irmão mais velho Yochanan, a família mantinha uma conexão distante com Moshe Menachem Segal, o famoso "último rabino" do gueto de Lodz. Ele foi torturado depois que os alemães invadiram a cidade e assassinado em 1942, próximo a Kielce.[1]

---

1. Mais informações em: <http://kehilalinks.jewishgen.org/lodz/rabbi.htm>. Acesso em: 12 mar. 2012.

Entrada do gueto de Lodz.

Judia ortodoxa, a família era praticante devota. No diário, Rywka revela sua forte ligação com os rituais do Shabat e do calendário de festas judaicas, além de sua fé inabalável em Deus. "Tenho tanto amor por Deus!", ela escreveu em 2 de fevereiro de 1944:

> Posso confiar em Deus sempre e em qualquer lugar, mas tenho que ajudar um pouco, pois nada acontece só por acontecer! Mas sei que Deus vai cuidar de mim! Ah, que bom que sou judia, que fui ensinada a amar a Deus... Sou grata por tudo isso! Obrigada, Deus!

Quando Rywka começou a escrever seu diário, vivia no gueto de Lodz havia mais de três anos e já tinha perdido o pai e a mãe. Um dia os alemães espancaram sem piedade seu pai na rua, lhe causando feridas severas, das quais ele nunca se recuperou completamente. Ele morreu no dia 2 de junho de 1941 devido a problemas pulmonares e uma soma de outras doenças. Essa memória vívida foi registrada por Rywka no fim do diário.

A mãe cuidou sozinha dos quatro filhos durante um ano, até vir a falecer

Cartão de registro de Rywka Lipszyc.

em 9 de julho de 1942. Os detalhes exatos de sua morte são desconhecidos, mas ela provavelmente sucumbiu a doenças relacionadas à desnutrição e à exaustão, como dezenas de milhares no gueto. O pai de Rywka foi enterrado no cemitério judaico de Marysin, na periferia nordeste do gueto; já o lugar de descanso dos restos mortais de sua mãe permanece desconhecido. Ainda assim, Rywka às vezes era tomada por um forte desejo de visitar seus túmulos: "Faz alguns dias que algo me impele a visitar o cemitério", escreveu no dia 4 de fevereiro, "Parece uma força inconsciente. Eu queria tanto ir até lá! Ir até a mamãe, até o papai. Tenho tanta vontade!".

Os sobreviventes da família adotaram as crianças órfãs. Um tio recebeu Abramek e Tamarcia, e Yochanan e Hadassah Lipszyc abriram sua casa para Rywka e Cipka. Apenas dois meses depois, Rywka e seus irmãos tiveram de enfrentar um dos acontecimentos mais traumáticos da história do gueto, o cruel *szpera* ("toque de recolher", em polonês) de setembro de 1942. As autoridades alemãs exigiram que 15 mil judeus com menos de dez e mais de 65 anos de idade se rendessem para deportação, além dos doentes e inválidos.

Mordechai Chaim Rumkowski, a quem chamavam Ancião dos Judeus, transmitiu a ordem terrível para a população do gueto. Em seu discurso, incentivou os pais a fazerem o impensável para impedir um destino ainda pior para toda a população do gueto. Implorou a uma multidão de milhares de pais chorosos:

> Um duro golpe atingiu o gueto. Nunca imaginei que seria obrigado a entregar esse sacrifício ao altar com minhas próprias mãos. Em minha idade avançada, devo estender as mãos e implorar: irmãos e irmãs, entreguem-nos a mim! Pais e mães, me deem seus filhos![2]

Durante o *szpera*, Yochanan e Hadassah, que estava muito doente, tentaram salvar não apenas a si mesmos e suas três filhas (Estusia, Chanusia e Minia), mas também Rywka, Cipka e outra prima chamada Esther, que tinha apenas três anos de idade. Por alguma razão desconhecida, as autoridades alemãs só prenderam Yochanan, deixando Hadassah com seis meninas em casa. Quando a ronda de uma semana terminou, no entanto, Abramek e Tamarcia também tinham sido arrancados dos braços do tio adotivo. Rywka e Cipka foram as únicas sobreviventes de uma família que menos de um ano antes tinha seis integrantes. Dali em diante, o *szpera* permaneceu uma ferida aberta para Rywka e para toda a população do gueto. Em janeiro de 1944, no apartamento de uma amiga, a conversa se voltou a essa memória dolorosa:

> Conversamos sobre o *szpera*. Ewa desabafou o tanto que precisava e pareceu tirar um peso do peito. Eu me mantive em silêncio, o que iria dizer?... Chajusia nos contou como elas conseguiram se salvar na rua Czarnieckiego. Elas estavam lá durante o *szpera*. Aquela conversa, aquilo tudo me chateou... Não me sinto bem... Ah, não tenho forças... Meu coração se tornou uma pedra pesada... Estou me sentindo cada vez mais sufocada, mais sufocada...
> (15 de janeiro de 1944)

---

2. Chaim Rumkowski, "Give me your Children!". In: Alan Adelson e Robert Lapides (Orgs.), *Lodz Ghetto: Inside a Community Under Siege*. Nova York: Penguin, 1989, pp. 328-31.

Cartaz anunciando o *szpera* (toque de recolher) no dia 5 de setembro de 1942.

Crianças prestes a serem deportadas despedindo-se de seus familiares.

Já que o destino exato dos infelizes não foi divulgado à época, a população do gueto temia o pior. Rywka expressava repetidamente o medo — a suspeita persistente, na verdade — de que jamais veria seus irmãos novamente. Só depois de terminada a guerra a verdade veio à tona. As autoridades alemãs levavam os deportados para o centro de extermínio em Chelmno — o destino de 70 mil judeus de Lodz antes da exterminação total em agosto de 1944. Lá, depois de tirarem suas roupas e objetos de valor, eram colocados em "caminhões de gás" rudimentares e intoxicados com monóxido de carbono. A ss assassinou mais de 152 mil judeus de Lodz e das áreas vizinhas em Chelmno entre os anos 1941 e 1944.[3]

Hadassah, ainda muito doente e agora viúva, seguiu cuidando de todas as seis meninas até que também morreu em 11 de julho de 1943. Então Estusia, a mais velha, aos vinte anos assumiu a imensa responsabilidade de cuidar de suas duas irmãs, além de Rywka e Cipka — todas menores de idade. (Outra tia adotou a prima mais nova, Esther.) Elas moravam em um apartamento na rua Wolborska, número 38, em condições extremamente difíceis.

O Comitê de Proteção à Juventude, que havia sido instituído para cuidar dos órfãos do gueto, dava uma pequena ajuda a Rywka e Cipka. A entidade

---

3. A informação sobre o número de mortos em Chelmno varia muito. Usamos a estimativa mínima feita pelo Museu Memorial do Holocausto, nos Estados Unidos, mas outras fontes estimam de 172–230 até 350 mil mortos.

Alunos dançam durante o intervalo no Colégio Franciszkanska, em Lodz.

provia cupons para consultas odontológicas, roupas de frio e outras necessidades básicas. Além disso, as meninas ganhavam uma quantia extra de comida, chamada *bajrat* ou ração "B", que complementava a porção escassa que recebiam. Apesar desse tipo de ajuda, fica claro com a leitura do diário que Rywka e as primas — assim como a maioria dos habitantes de lá — conviviam cada vez mais com a fome e a privação extremas que caracterizavam a vida no mais cruel e duradouro gueto alemão.

O diário de Rywka foi um dos muitos vindos do gueto de Lodz que chegaram até nós. Dawid Sierakowiak, um jovem brilhante, escreveu o mais extenso e mais famoso deles. Os cinco volumes, que possuem hiatos devido aos cadernos perdidos, cobrem o período de junho de 1939 a abril de 1943. Neles, assistimos à transformação de um jovem curioso, observador e com um humor inteligente em mera sombra de si mesmo — alguém impossibilitado de trabalhar ou estudar, longe dos pais, apenas suportando a agonia diária da fome e da desesperança. O diário de Dawid termina alguns meses antes da sua morte por tuberculose em agosto de 1943.

Outra garota escreveu um diário fragmentado durante os meses de fevereiro e março de 1942. Nele, ela descreve a pressão implacável da fome sobre sua família e mostra a natureza brutal dessa situação, assim como todo o sacrifício — pessoal, social, espiritual, mental e moral — envolvido.

Por último, um jovem que escrevia em quatro línguas (polonês, iídiche, hebraico e inglês) nas margens e rodapés de um romance francês intitulado *Les Vrais Riches* registrou os momentos finais do gueto no verão de 1944, quando os poucos sobreviventes — Rywka entre eles — esperavam impotentes pela chegada do Exército Vermelho e sua libertação. Seu diário é tomado pela aflição daquele período e pelo desespero que surgiu com a notícia do extermínio do gueto, ocorrido em agosto de 1944.

Rywka escreveu de outubro de 1943 a abril de 1944, preenchendo uma lacuna temporal dos outros diários e acrescentando sua visão sobre os acontecimentos mais importantes do gueto nessa época. Além do período que sua narrativa abrange, a perspectiva de Rywka como judia ortodoxa também diferencia sua escrita dos registros feitos por outros jovens escritores de Lodz. Embora todos eles se deparassem de alguma forma com questões existenciais, a maioria encontrava respostas dentro de um horizonte secular. Já Rywka via o mundo através da lente da religião: acreditava fervorosamente na benevolência de Deus e se esforçava para viver de acordo com as leis e a ética judaicas. Ao mesmo tempo, era uma jovem moderna, com ambições intelectuais, curiosa a respeito do mundo e do lugar que ocupava nele, e abençoada — ou amaldiçoada — com uma personalidade forte que não a permitia conviver com sua indignação em silêncio. Ela resistia, protestava e lutava quando necessário.

O diário de Rywka fala de seu mundo interior e do exterior. A garota narra as questões práticas do dia a dia — a mecânica da sobrevivência no gueto, o trabalho incessante, o alívio momentâneo oferecido pela escola, além de outras atividades —, e também descreve os acontecimentos de fora do gueto que afetavam toda a comunidade, inclusive ela própria. Mas o que sobressai em sua escrita é principalmente seu mundo interior: a relação com a escrita, a identidade em formação, as amizades (principalmente a ligação profunda com a mentora Surcia), sua filosofia de vida (ou seja, sua tentativa de dar sentido ao mundo pelas lentes da própria experiência), o luto pela família, o esforço, a exaustão, o desespero, a fome, o medo, a tentativa de manter a força e a fé. Os registros de Rywka são uma combinação às vezes um pouco confusa

Placa da oficina Kleider und Wäsche-Abteilung, onde Rywka trabalhou.

de relatos, reflexões, expressão de sentimentos, notícias, sensações e ideias. Eles oferecem uma perspectiva nova do dia a dia e da sobrevivência no gueto de Lodz, mas também ilustram o esforço dessa menina para crescer dentro desse caldeirão de aprisionamento, privação e opressão. Fica evidente, acima de tudo, que Rywka buscou conforto e salvação na escrita de seu diário, e a sobrevivência dele atesta a angústia de sua luta condenada ao fracasso.

"O PRIMEIRO FERIADO JÁ PASSOU", Rywka escreve em sua primeira anotação do dia 3 de outubro de 1943, referindo-se ao Rosh Hashaná, o Ano-Novo judaico. Na época, Rywka tinha saído de um emprego no Escritório Central de Contabilidade e assumido uma vaga na Oficina de Vestuário e Roupas de Cama, gerenciada por Leon Glazer. Sediada na rua Dworska, número 14, a oficina deu início à produção de roupas íntimas e vestidos no começo de 1941, contando com 157 trabalhadores e 77 máquinas. Um ano depois, o número de trabalhadores aumentou quase dez vezes, e a fábrica passou a produzir também roupas masculinas e de cama, muitas das quais iam para o esforço de guerra alemão. Inúmeras crianças trabalhavam na fábrica, ficando

Meninas judias em uma oficina de costura no gueto de Lodz.

assim relativamente protegidas da deportação ao aprender uma profissão. Como Rywka tinha proximidade com uma pessoa a quem chama apenas de Zemlówna, a srta. Zemel, parente de um dos gerentes da oficina, o sr. Zemel, ela garantiu um lugar nessa instituição bastante notável do gueto e trabalhou na fábrica localizada na rua Franciszkanska, números 13/15.

Desde o início do diário, então, nota-se que a rotina de Rywka é fundada no trabalho e na escola. Grande parte da educação que recebia era de cunho prático — ela aprendia a usar a máquina de costura, medir uma saia, fazer crochê —, e ficava sob tutela de sua professora, a sra. Kaufman. Além disso, assim como as outras crianças, tinha algumas aulas de disciplinas tradicionais, como hebraico, iídiche e matemática. Rywka dava valor às habilidades que desenvolvia na oficina. Certa vez, sonhando com a vida após a guerra, escreveu:

> [...] imagino uma sala simples, iluminada à noite, toda a minha família sentada à mesa. É tão agradável... Tão terno, confortável... Ah, é tão bom! Depois, imagino que, quando todos vão dormir, sento à máquina de costura e costuro... costuro... É tudo tão doce, tão bom... tão

Meninas judias estudando juntas no gueto de Lodz.

prazeroso! Porque tudo que faço com minhas próprias mãos é nosso sustento. Paga pelo pão, pela educação, pelas roupas... quase tudo. O trabalho que faço com minhas próprias mãos... Sou muito grata à sra. Kaufman por isso... (28 de fevereiro de 1944)

Mas, ao mesmo tempo, o trabalho podia ser cansativo, e Rywka dependia principalmente dele para conseguir sua porção de sopa na hora do almoço. Ela descreve os dias longos e entediantes, assim como os conflitos com as colegas da escola. Rywka detestava ter que trabalhar na oficina aos sábados, dia de descanso para os judeus. Para os religiosos, o Shabat — que marca o término do trabalho de criação do mundo por Deus — é um dia sagrado, usado para estudar, rezar e ficar com a família e os amigos. Segundo o judaísmo, ele deve antecipar a harmonia e a paz que preencherão o mundo quando o Messias vier e o povo judeu for finalmente resgatado de todo o sofrimento. Para Rywka, trabalhar no Shabat não só era uma violação desse preceito do ritual judaico, mas também lhe roubava uma de suas únicas fontes de prazer em meio a uma existência sombria. No dia 20 de fevereiro de 1944, ela escreveu:

> Ah, Deus! Nunca vou esquecer essa sensação, me senti tão mal, como se estivesse engasgada, com vontade de chorar! Chorar... Chorar... Observei as pessoas indo para a oficina como sempre faziam. Esse dia, esse dia sagrado, santo, é para elas um dia normal e comum. [...] Para mim, ir a oficina no sábado foi uma agonia terrível. Eu pensei várias vezes, quase sem querer: se tiver que fazer isso de novo (preferia não fazer), será que vai se tornar uma coisa comum para mim, vou me acostumar? Ah, Deus, faça algo para que eu não tenha que ir à oficina no sábado! Me senti tão mal! Queria chorar!

Rywka enchia o diário com detalhes sobre seu dia a dia, relatando suas principais tarefas: lavar roupa, descascar batatas, fazer compras, cozinhar, pegar carvão e arrumar a cama. Também narrava os pequenos e grandes problemas que se abatiam sobre ela, como uma dor de cabeça ou de dente, a dificuldade com seus sapatos gastos, a fome e o clima hostil. Em janeiro, escreveu sobre uma epidemia de gripe que assolou o gueto, reduzindo a força de trabalho quase pela metade e esgotando os já insuficientes suprimentos médicos disponíveis:

> A gripe domina o gueto, está em qualquer lugar que se vá, a gripe está em toda parte... nas oficinas e nos escritórios não há ninguém. Há muitas licenças por motivo de doença. (O sr. Zemel brincou que ia levar as licenças até as máquinas para que elas continuassem a produção.) [...] Chajusia[4] está gripada, a mãe de Surcia também... Vou ficar sem páginas se escrever o nome de todos que estão doentes... [...] Maryla Lucka e seu pai também estão doentes. Na família da sra. Lebenstein todos estão doentes, menos ela; Samuelson está doente; Jankielewicz substituiu Berg porque Berg está doente. Rundberg, meio doente, veio à tarde... (14 de janeiro de 1944)

---

4. Não confundir com a prima de Rywka, Chanusia.

Crianças procurando carvão no gueto de Lodz.

Diante de toda a rotina de trabalho, do tédio e da luta pela sobrevivência que dominava a vida da população do gueto, Rywka também confiava ao diário seus problemas particulares. Ela se esforçava para se dar bem com as primas mais velhas. Registrava as brigas, algumas grandes e outras pequenas, que explodiam devido às muitas tarefas, à divisão da comida e às dificuldades que surgiam por viverem em um espaço apertado. Em um exemplo típico, no dia 4 de março de 1944, ela escreveu:

> Chanusia está me mandando deitar, disse que posso terminar amanhã. Ah, e por acaso ela sabe o que significa escrever? Me parece que não faz ideia. Tempo? Estusia recebeu um cupom e me disse para ir buscá-lo amanhã e levar os lençóis à lavanderia, mais isso e aquilo... E agora a generosa Chanusia me diz para ir para a cama e terminar amanhã.

Embora Chanusia talvez tivesse bons motivos para mandá-la dormir — ficar acordada para escrever depois que escurecia significava queimar uma vela ou usar a eletricidade limitada, já que elas tinham apenas uma lâmpada de quinze watts —, Rywka se sentia incompreendida.

É impossível concluir pela leitura do diário quais seriam as circunstâncias reais de diversas situações que ela vivia, mas, de qualquer forma, esse não é o papel deste documento. Em vez disso, adentramos a perspectiva de Rywka: sua solidão, a sensação de ser tratada de forma injusta, de ser criticada e julgada. Afinal, ela era uma adolescente que se debatia com os problemas de identidade comuns a essa fase da vida. No entanto, sem a estabilidade de uma vida normal e, acima de tudo, sem o amor e o apoio dos pais para ensiná-la, ela permanecia à deriva, perdida, apenas com seu próprio senso daquilo que era certo e errado para guiá-la. Em uma briga terrível, Estusia, que tinha apenas vinte anos, perdeu a paciência com Rywka, bateu nela e ameaçou expulsá-la de casa. "Ah, Deus, estou tão sozinha!", Rywka escreveu no dia 15 de fevereiro de 1944:

> Não sei se ela vai fazer o que prometeu [...] Estusia fica dizendo que está satisfeita comigo, mas e agora? Ela vai dizer que não me quer mais? Parece inacreditável. [...]
> Não só os tempos são horríveis e trágicos como eu também não tenho um lugar para chamar de "lar".

As brigas intercaladas com Estusia, Chanusia e Minia serviam apenas para ressaltar as tensões da vida no gueto e o terrível sentimento de isolamento de Rywka. Diante desse contexto, seu relacionamento com a irmã mais nova, Cipka, era fonte de pura alegria. Fica claro em seu relato que Rywka não só amava a irmã, mas sentia-se responsável pela garota, pois expressava preocupação com seu bem-estar, tanto físico ("Hoje em dia, me sinto mais faminta quando Cipka não come e mais satisfeita quando ela come") quanto emocional ("Chajusia disse para eu me aproximar mais de Cipka, conversar com ela, perguntar o que ela acha disso ou daquilo. Vou tentar, afinal, é meu dever, tenho que substituir a mamãe o máximo que puder"). Frequentemente ela escrevia sobre seu carinho pela irmã mais nova, sobre sua tentativa de garantir que ela recebesse uma quantia justa de comida, ou sobre quando fazia um vestido para ela, arrumava sua cama ou cumpria uma obrigação que

Fila de distribuição de comida no gueto de Lodz.

era dela. Mas Rywka também tinha muito orgulho das realizações da irmã mais nova na escola, de sua generosidade e consideração com os amigos, de sua personalidade. "Percebi que amo Cipka cada vez mais", escreveu em 13 de dezembro de 1943, "quando ela faz algo de bom, tira boas notas (ela é a melhor aluna), quando entende o que acontece nas assembleias. Isso me enche de orgulho e eu fico feliz..."

Como em outros diários de guetos, especialmente o de Lodz, Rywka sempre volta ao problema da comida e da fome.

> A fome sempre teve um impacto muito ruim em mim,
> e continua tendo. Para mim e Cipka, o ano passado foi,
> por assim dizer, um desafio na luta contra a fome. Ah,
> isso é tão cansativo! É uma sensação terrível a de passar
> fome. Não gosto de ficar em casa. Prefiro ir a escola...
> Ou para outro lugar, mas jamais ficar em casa, é
> quase perigoso ficar em casa. (10 de fevereiro de 1944)

A falta de comida também gerava conflitos entre as pessoas. Rywka confidenciava com frequência ao diário o desgosto que sentia ao perceber a relutância das primas em dividir os suprimentos igualmente e o fato de elas acharem que Rywka não tinha autocontrole no consumo de suas rações. Em resposta, ela decidiu não aceitar mais quando elas lhe ofereciam comida:

> Decidi, como mencionei antes, não usar o que é exclusivamente delas. Cipka não consegue se segurar, ela é só uma criança, mas eu consigo e isso me agrada. Claro, se elas compram algo como cebola, alho, coisas assim, eu pego mesmo se elas não quiserem, porque isso é compartilhado entre mim e elas, mas a ração... a ração é outra história. (31 de dezembro de 1943)

De fato, em determinado momento, o problema da divisão da comida se tornou tão grave que uma assistente social (e importante mentora de Rywka, a srta. Zelicka) foi chamada para mediar o conflito. Em março de 1944, Rywka fala sobre a fome, que na época já lhe causava efeitos físicos: "Estou tão fraca que às vezes nem sinto fome. É terrível (a fome costumava ter efeito sobre mim). Uma saia que foi feita para mim no início do curso (há alguns meses) está larga. Não estou exagerando...".

Como em muitos outros relatos da mesma época, Rywka testemunhou como a fome extrema interferia na ordem social e fazia com que pessoas outrora decentes traíssem seu código moral. Ela registrava com horror casos em que amigos e familiares roubavam uns dos outros, chamando, por exemplo, o irmão de sua amiga Dorka Zand de "vigarista", por pegar batatas de Dorka e de outra amiga "emprestadas" sem falar para ninguém. Ela também relata o esforço coletivo de um grupo de crianças na escola para juntar batatas e a notícia dolorosa de que um dos adultos, a sra. Perlowa, tinha comido algumas delas. "A sra. Perlowa!", escreveu em 25 de janeiro de 1944, "Eu jamais acreditaria... Quem mais vai me decepcionar? Ah, é terrível... Hipocrisia, hipocrisia... Dói tanto!...".

Em fevereiro do mesmo ano, Rywka e suas primas tiveram que enfrentar esse problema dentro da própria casa. É um dos poucos casos em que elas parecem se unir diante de um problema comum. O primeiro sinal do problema apareceu quando Cipka percebeu que um pouco de sua marmelada

Pessoas procurando raízes comestíveis perto do gueto de Lodz.

tinha sumido. Mais tarde, enquanto ela fingia estar dormindo, ouviu a pessoa (cujo nome não é citado no diário) "mastigando" um pouco de açúcar. Depois, descobriram por meio de Minia que estava faltando açúcar e que alguns alimentos tinham sido remexidos. E, no dia seguinte, sumiu um pouco do pão de Cipka. No início, todas culparam umas às outras; Estusia achava que Cipka e Rywka eram as culpadas; Rywka pensou que tivesse sido Minia. Mas, apesar de Rywka achar que sabia quem era o culpado, ela fala sobre isso referindo-se apenas a "aquela pessoa", sempre usando termos não explícitos. É quase como se a vergonha de uma transgressão como essa fosse tão grande que ela não pudesse colocar no papel. "Não consigo tirar isso da cabeça", escreveu desesperada no dia 16 de fevereiro, "Ah, Deus! Se não podemos confiar nessas pessoas, então em quem? Em quem? Ah, confiança! Que horror! Deus! Ah, que jogo baixo! É nojento! É insuportável! É culpa do gueto!"

Apesar de as dificuldades do dia a dia serem amplamente documentadas no diário, Rywka também relatava as atividades "extracurriculares" com as quais se envolvia além do trabalho e da escola. Rywka visitava os amigos, fazia caminhadas, compartilhava seu diário e lia os das amigas, e estudava salmos ou outros textos judaicos com elas. No texto de 4 de março de 1944, descreve sua leitura do momento:

> Estou lendo um livro muito bom chamado *Os miseráveis*, revezando com a Chanusia. O livro está caindo aos pedaços. Alguns capítulos têm mais páginas e temos que esperar que a outra termine. Neste momento, estou esperando Chanusia. É assim que se lê no gueto...

Como em outros guetos, os jovens de Lodz se envolviam em diversos programas culturais e educacionais, buscando aliviar a realidade terrível do dia a dia. Rywka ajudou a organizar uma biblioteca, doando dois volumes de *Guerra e paz*, e participou de vários clubes de leitura. Nesses clubes — difíceis de distinguir uns dos outros no diário —, as meninas liam histórias, escreviam artigos de jornais, discutiam contos e outras coisas afins. Conforme Rywka escreveu no dia 3 de janeiro de 1944, "Uma vez por semana vamos estudar só literatura ou algo do tipo, e aos domingos também teremos uma hora de diversão (para não virarmos velhas rabugentas)". A partir da leitura do diário, fica a impressão de que esses grupos passavam por diversas crises de adolescente, como situações em que participantes eram eleitos e depois expulsos, desentendimentos, mágoas, formação de grupos rivais e assim por diante. Além disso, Rywka tinha que encarar o fato de que os meninos também participavam. Como judia ortodoxa, ela era extremamente conservadora no que dizia respeito a misturar-se com o sexo oposto. "Ontem não fiquei nada contente com isso e nem falei no grupo", escreveu. "Mas agora estou mais feliz porque, primeiro, eles têm suas opiniões e se eu não concordar posso me manifestar; e, segundo, estarei com Lusia, Hela e Edzia e poderei conhecê-las melhor."

De todas as suas atividades, no entanto, Rywka se envolveu mais com as da organização Bais Yaacov, formada em 1971 por Sarah Szenirer na Cracóvia, Polônia, em resposta à falta de instituições de ensino religioso para meninas judias. Enquanto os meninos frequentavam escolas religiosas como

Surcia, a mentora de Rywka no gueto.

Cheder, Talmud Torah e Yeshiva, as meninas — quando recebiam algum tipo de educação — geralmente eram enviadas para escolas seculares gratuitas, normalmente públicas, onde recebiam só um mínimo de instrução religiosa. Vendo nisso a explicação para as altas taxas de conversão entre meninas religiosas, Szenirer criou uma escola de educação judaica especialmente para adolescentes. Ainda que os fundamentos do currículo fossem religiosos e conservadores, Szenirer tinha dado um passo à frente em relação à comunidade ortodoxa. Essa escola acabou desabrochando uma rede de instituições similares por toda a Europa.

Fajga Zelicka, uma jovem professora da escola Bais Yaacov na Cracóvia, começou a promover reuniões informais (que Rywka e as outras meninas chamavam de "assembleias") para garotas do gueto de Lodz, com o objetivo de ler e estudar a Bíblia, os salmos e textos éticos judaicos como o *Pirkei Avot* ("A sabedoria dos pais") ou o *Hovot Ha-Levavot* ("Deveres do coração"). Na época em que começou seu diário, Rywka vinha participando das sessões da srta. Zelicka devido à influência de uma colega e amiga de Estusia, Surcia Selver. Na verdade, foi Estusia quem pediu a Surcia que tentasse ajudar Rywka, porque as duas escreviam e Estusia tinha esperança de que Surcia pudesse ensinar e guiar sua prima. Embora Rywka nunca tenha reconhecido em seu diário, esse é um exemplo do esforço de Estusia para ajudá-la a encontrar seu caminho em um mundo confuso e doloroso. E, de fato, principalmente Surcia, mas também outra amiga chamada Chajusia e a srta. Zelicka tornaram-se figuras muito importantes na vida de Rywka.

Naquelas assembleias, ela encontrou conforto e engajamento na comunidade, descobriu novas formas de crescimento e teve até um pouco de diversão. Ela menciona no diário uma celebração do Chanuká e o tempo que passou na companhia das amigas, aprendendo, estudando e, em muitos casos, se debatendo com questões de personalidade e caráter. No livro de memórias que Surcia escreveu após a guerra, ela descreve a srta. Zelicka e o impacto que a professora teve na vida das meninas:

> Ela era jovem, não muito mais velha que muitas de nós, suas ouvintes sedentas. Mas abriu um panorama completamente novo diante de nossos olhos... Ao longo das palestras [dela], eu sentia como se ela estivesse falando só para mim, como se estivesse respondendo às perguntas que me desnorteavam e não me davam trégua... Ela inspirava em nós um amor pela Bíblia, desvendava seus mistérios para nós, interpretava aquilo como se tudo tivesse sido escrito especialmente para nós... Transmitia para nós os princípios espirituais do judaísmo, seus valores éticos incontáveis e seu espírito humanista.[5]

O apego crescente de Rywka a Surcia é um tema que percorre todo o diário. Rywka contou que foi Surcia quem a inspirou a começar a escrever e a encorajou a continuar. Diversas vezes, afirmou que o diário poderia atender pelo nome de "Surcia" — sua confidente humana e seu confidente de papel fundindo-se em uma só entidade. Ao mesmo tempo, com frequência demonstrava preocupação com a intensidade de seus sentimentos e de sua tristeza, pois poderia "assustar" Surcia ou chateá-la. Fica claro que, do mesmo modo que desejava compartilhar tudo com Surcia, também reconhecia certo limite na disposição da amiga mais velha para ouvir sua dor. "Ah... Ontem à noite eu estava me sentindo tão mal, tão doente! O que aconteceu comigo? Mudei tanto! Decidi não entregar meu diário a Surcia amanhã, porque ela ficaria chateada com tudo isso", ela escreveu no dia 23 de março de 1944.

---

5. Sara Selver-Urbach, *Through the Window of My Home*. Jerusalém: Yad Vashem, 1986.

Além de escrever no diário pensando em Surcia e compartilhá-lo com ela de vez em quando, Rywka escreveu uma série de cartas apaixonadas para a amiga nas quais abria seu coração: falava sobre suas angústias, suas ideias sobre a vida e, acima de tudo, sobre sua necessidade de amor, aceitação e amizade. Às vezes, Rywka parece uma adolescente apaixonada, enfeitiçada por Surcia:

```
Neste momento, estou pensando sobre as emoções da paixão.
E estou pensando sobre Surcia. Sinto que a amo cada
vez mais. Ah, sinto afeto verdadeiro por ela. Ah, o poder
do amor! Ah, seu poder verdadeiro. [...] Quero escrever
mais, e talvez consiga me expressar. Sinto afeto,
sim, por Surcia. Talvez não por ela, mas por sua alma,
o que significa por ela, no final das contas. Ah, Surcia.
O som do seu nome me traz prazer. (É bom que sejamos
do mesmo sexo.) Do contrário, o que isto pareceria?
(23 de dezembro de 1943)
```

Embora seu amor por Surcia certamente fosse romântico — Rywka a colocava acima dos outros, dependia dela e a admirava sem reservas —, não era erótico; ao contrário, parecia resultado de sua solidão profunda, do sentimento de não ser compreendida e da necessidade de encontrar aceitação, afeto e amor em um mundo cheio de rejeição, perda, dificuldade e alienação.

Fica claro que, em determinado momento, as cartas e os escritos de Rywka chamaram a atenção de Surcia. Ela conversou com a srta. Zelicka sobre o assunto, que, por sua vez, solicitou uma reunião em particular com Rywka. Com alguma empolgação, a menina escreve: "Ela mostrou para a srta. Zelicka a carta em que escrevi sobre a vida. Foi por isso que a srta. Zelicka me mandou um recado pela Surcia dizendo que gostaria de conversar terça-feira, às onze horas. Isso é tão inesperado... [...] Estou pensando muito nisso...". No entanto, a primeira reunião foi uma decepção amarga. Aparentemente, a srta. Zelicka tinha conversado com Estusia também e se esforçou para incentivar Rywka a seguir um pouco mais o exemplo da prima. Para Rywka, foi um golpe devastador.

```
Cipka sabia que eu tinha ido ver a srta. Zelicka, então,
mesmo relutando, perguntei se ela sabia qual tinha sido o
```

assunto da conversa entre a srta. Zelicka e Estusia. Graças
a Cipka, descobri. Estusia disse que eu era teimosa, que
antes de eu vir morar com elas eu não era obediente e que
no início eu era histérica. Em outras palavras, ela me
descreveu de forma incrivelmente negativa. Naquele momento
entendi. [...] Não consigo achar um lugar neste mundo.
Não compartilho nada com ninguém, só com meu diário e
com Surcia, minha querida Surcia. Não sei de nada, ah,
não sei de nada, estou perdida... O que vai acontecer?
(22 de dezembro de 1944)

A tempo, Rywka se recuperou da decepção e acabou desenvolvendo uma boa relação com a srta. Zelicka, fazendo visitas quando ela estava doente, levando bolos e confiando nela como faziam as tantas outras meninas do gueto. De fato, a srta. Zelicka, junto com a sra. Kaufman, a sra. Milioner e outras adultas, tentava guiar aquelas adolescentes perdidas que faziam o que podiam para se virar sozinhas no gueto.

Com o tempo, Rywka decidiu que queria frequentar as assembleias das meninas mais velhas para participar de discussões com as quais sentia ter mais afinidade. A confiança que Rywka tinha em si mesma e sua ambição continuaram fortes apesar das circunstâncias e das críticas constantes das primas. Ela era corajosa, determinada e confiante — qualidades que faziam com que fosse considerada convencida por algumas de suas amigas. E embora confessasse ao diário suas dúvidas quanto a seus conhecimentos e habilidades, sempre continuava querendo saber mais. Quando foi autorizada a ir à assembleia das mais velhas, Surcia avisou-a que só poderia ir uma vez. Sua resposta à situação é surpreendente, dado o modo como ela adorava e dependia da menina mais velha:

Quando, na sexta-feira, Surcia e eu fomos à assembleia
(das meninas mais velhas), Surcia me disse que as outras
meninas poderiam ficar com inveja porque eu estava indo
e elas não. E completou: "Só desta vez". Fiquei um pouco
preocupada, porque apesar de querer fazer algo que seria
para o meu bem, não podia discutir com Surcia. Quando
a assembleia começou, cheguei à conclusão de que eu

simplesmente tinha que ir de novo. [...] Que pena...
Fiquei um pouco chateada porque não queria desafiar
Surcia, mas nesse caso decidi voltar mesmo assim.
(7 de fevereiro de 1944)

Depois dessa decisão, ela escreveu uma carta apaixonada para Surcia explicando por que tinha que frequentar as sessões e defendendo seu ponto de vista, mas o que fica claro é que ela já tinha tomado a decisão de ir. Rywka era jovem, órfã, testemunhou crueldades sem limites, foi privada de uma educação formal e estava morando com parentes que não a compreendiam, mas apesar de tudo era determinada e sensível, e sua vontade de evoluir, aprender e crescer permanecia inabalável diante de tudo o que vivia.

Por mais que o diário contenha muitos detalhes de vários aspectos da vida no gueto de Lodz nesse momento histórico específico, relatar esses "acontecimentos exteriores" não parece o objetivo principal de Rywka. Na verdade, no texto de 7 de janeiro de 1944, ela lamenta a invasão desses temas em sua escrita: "Ah, sério, falo tanto da vida 'exterior' que não vou ter tempo de escrever sobre minha vida 'interior'...". Claramente, Rywka via seu diário como um lugar para despejar seus sentimentos, confidenciar o que a afligia e guardar suas lembranças.

Ao mesmo tempo, suas questões mais internas — a luta para conhecer a si mesma, definir suas crenças e manter a esperança diante do desespero — são inevitavelmente rodeadas por circunstâncias externas. Se a adolescência é a época de estabelecer as bases da personalidade (quem eu sou em relação a meus pais, meus irmãos, meus amigos, minha religião, minha cultura, minha nacionalidade? Como me coloco no mundo?), a estabilidade, algo que configure uma estrutura confiável para ser desafiada, é um elemento essencial no processo. Para Rywka — e incontáveis adolescentes como ela —, crescer no gueto significava debater-se com os desafios da adolescência e lidar com um pano de fundo repleto de traumas, perdas, instabilidade e medo.

Aos catorze anos, ela foi arrancada da vida que conhecia antes da guerra (a casa onde passara a infância, a escola, os amigos, a família e todos com quem se relacionava) e jogada no ambiente hostil do gueto. Foi morar num apartamento lotado, compartilhado com parentes que não a entendiam nem gostavam dela. Descobriu-se profundamente isolada, sem o abrigo, a compreensão e o amor dos pais, sozinha com a última de seus três irmãos.

Certamente tinha muita fé, mas aquilo que lhe permitia ter essa fé — o fato de ser judia — também constituía uma ameaça mortal para todos os judeus que viviam sob o regime nazista. Esse era um problema existencial sem solução, já difícil o bastante de ser enfrentado por um adulto, imagine então por uma adolescente. Rywka ficou sem base em praticamente todos os aspectos de sua vida e teve que procurar sozinha seu caminho, percorrendo um terreno mutável e incerto.

Diante desse cenário, a luta de Rywka é heroica. Ela tentava se abster do *lashon hara*, o pecado da fofoca ou da calúnia, e com frequência repreendia a si mesma por suas falhas de caráter, como quando a srta. Zelicka permitiu que fosse às reuniões de sexta à noite e ela ficou decepcionada ("Ah, que tipo de pessoa eu sou? Quando permitem que eu faça uma coisa, quero mais"), ou quando seu orgulho foi ferido porque uma colega foi convidada a ler um poema em uma assembleia pública:

> Me disseram para escrever um poema, me esforçar etc., e depois de tudo isso sou descartada? Se eu não falasse bem e Juta sim, então seria compreensível, mas não é o caso... Enfim, por que estou escrevendo sobre isso? Tenho que me livrar desse pensamento e parar de ser tão egoísta!
> (17 de março de 1944)

Em sua luta para se tornar a pessoa que queria ser, ela se apoiou muito em Surcia e no círculo de meninas do Bais Yaacov, incluindo a srta. Zelicka e Chajusia, a quem via como seus únicos modelos positivos. Nessas relações, tentava encontrar conforto, estabilidade e consolo, e, sobretudo com Surcia, aprender a viver. Em uma carta típica, datada de 11 de dezembro de 1943, ela escreveu:

> Ah, Surcia, eu queria tanto conversar com você, ver você. Sinto sua falta. Você é um ponto muito positivo da minha vida. Não consigo imaginar minha vida sem ter conhecido nosso grupo e você em especial [...] Por favor, responda. Vai ser um aprendizado para mim. Sua Rywcia está pedindo.

Do mesmo modo, mais adiante no diário Rywka tentou estender a mão a Surcia e Chajusia, oferecendo-lhes ajuda e conforto sempre que precisassem. Ela tinha consciência de que era jovem e inexperiente, mas queria muito mostrar que tinha algo com que contribuir, possuía alguma sabedoria e poderia dar conselhos que ajudariam mesmo as meninas mais velhas que ela admirava tanto. Depois de ler uma série de cartas entre Surcia e a amiga falecida Miriam, Rywka escreveu uma resposta emocionada a Surcia:

> Agora sei o quanto Miriam significava para você e sinto sua dor [...] E... sugiro timidamente que confie um pouco em mim. Vejo o quanto você precisa disso...
> Ah, Surcia, desejo-lhe o melhor. Amo tanto você, Surcia, deixe-me substituir Miriam um pouco [...] Surcia, agora que escrevo que amo você, vai parecer que estou tentando me igualar a Miriam, que gosto de você e por isso quero ter você, mas tenha isto em mente: eu amo você profundamente... (31 de janeiro de 1944)

Rywka frequentemente usava o diário — e as cartas que escrevia a Surcia — para refletir sobre as ideias que surgiam a respeito de questões maiores, como o sentido da vida, a natureza da humanidade, sua visão de mundo. É verdade que ela era propensa a analogias ingênuas ("a vida é uma estrada escura" ou "as pessoas parecem dentes"), mas quem a culparia? Ela só tinha catorze anos. Seu esforço de pensar sobre o mundo com profundidade e de traçar metáforas para entendê-lo melhor é admirável, por mais limitado que seja devido a sua idade, inexperiência e falta de uma educação formal. Ela também tinha que lidar com a vontade de fazer algo significativo para o gueto — certamente influenciada pelo conceito judaico do *tikkun olam*, que exige de cada pessoa, enquanto viver, o esforço de ajudar a consertar nosso mundo esfacelado. Para Rywka, essa ideia se traduzia principalmente em sua tentativa de guiar as pessoas rumo a um comportamento melhor. Era o impulso de uma adolescente que buscava ter uma influência positiva sobre aqueles ao seu redor e assim fazer a diferença no mundo. Em 29 de março de 1944, ela escreveu:

> Nesses momentos, gostaria de fazer muitas coisas pelo mundo. Vejo muitos, muitos defeitos à minha volta e sinto tanto por não conseguir encontrar meu lugar. E quando

> percebo que não tenho importância no mundo, que
> sou apenas um grão de poeira, que não posso fazer
> nada, nesses momentos me sinto muito pior, me sinto
> sufocada e perdida...
> Para aumentar minha coragem, digo a mim mesma: "Ainda
> sou nova, muito nova, o que mais ainda pode acontecer?".
> Mas o tempo está passando. É o quinto ano de guerra.
> [...] A única coisa que me dá coragem (como já mencionei
> antes) é a esperança de que não vai ser sempre assim
> e de que ainda sou nova. Talvez eu cresça e me torne
> alguém e então poderei fazer alguma coisa.

Na verdade, Rywka era bastante consciente de suas limitações — tanto de caráter quanto intelectuais — e sabia do impacto disso em sua habilidade de se expressar. Por ter frequentado pouco a escola (deixou os estudos formais em 1939, quando tinha apenas dez anos de idade), ela tinha dificuldades para se expressar em polonês. Não escrevia com fluência e cometia muitos erros gramaticais. Sua pontuação era no mínimo peculiar. Ela mesma reconheceu repetidas vezes o quanto era difícil se expressar, e como ter sido privada da educação formal — sem contar os efeitos da fome, do frio e do medo — prejudicara sua habilidade de organizar ideias, sustentar uma linha de pensamento e encontrar as palavras de que precisava para transmitir as nuances e sutilezas de suas ideias. "Ontem eu queria escrever", confessou em 5 de janeiro de 1944, "ou melhor, senti que tinha algo para escrever, mas mesmo que tivesse tempo, no fim não sabia o que escrever, tinha simplesmente esquecido. Estou ficando tão distraída. [...] Não consigo encontrar meu lugar."

Mas ainda assim ela persistia. Para muitos jovens que mantiveram diários durante o Holocausto, a palavra escrita era uma ferramenta necessária para documentar experiências, registrar sentimentos e reforçar a existência na Terra diante do horizonte de extermínio total. Apenas alguns — como Anne Frank, Yitskhok Rudashevski, Petr Ginz, a anônima de Lodz — expressavam uma paixão pela escrita, um anseio que ia além das circunstâncias específicas da guerra e tinha uma conexão com o que queriam de fato fazer no mundo. Apesar dos limites de sua educação, Rywka era como esses escritores; afirmava reiteradamente o quanto sua escrita significava,

Uma passarela no gueto de Lodz, no inverno de 1942.

sua gratidão por ela e o papel central que tinha em sua vida. Suas ambições com a escrita iam além do diário; mesmo reconhecendo seus limites, ela levava a sério as cartas que escrevia para Surcia, suas reflexões filosóficas e alguns poemas que incluiu no caderno. Em um texto de 22 de fevereiro de 1944, escreveu:

> Eu estava sentada lendo com a cabeça baixa. Não queria desperdiçar nem um momento. Então decidi ler mais. E descobri que tenho um problema. Não escrevo nada de especial além do diário, às vezes um poema, mas e a prosa? Ah, não sei escrever prosa. Será que me tornei uma incompetente? Ah, eu achava que não tinha nada para escrever, mas enquanto isso vou escrevendo... Enquanto tudo isso acontece eu escrevo. Escrevi um ensaio para a aula e graças a Surcia tenho algo especial... Talvez minha escrita tenha sido um pouco desajeitada, mas foi sincera!

Como em muitas outras memórias — as da anônima de Lodz, de Petr Ginz em Terezin, de Ilya Gerber no gueto de Kovno, entre outras —, Rywka também menciona os diários das amigas. Aparentemente, Surcia tinha um e Rywka incentivou as amigas Ewa, Fela, Dorka e Mania a começar a escrever também. Ela deu um caderno a Fela, que começou lendo um diário publicado para encontrar inspiração. Rywka desprezou essa iniciativa, dizendo: "na minha opinião, não são necessários modelos para escrever um diário. É verdade que é difícil no começo. Sou o maior exemplo disso, mas depois adquirimos experiência" (12 de fevereiro de 1944).[6]

Outro aspecto da vida de Rywka que aparece em seu diário são suas lembranças da família e a luta para absorver e aceitar — se é que isso era possível — as perdas estarrecedoras que tinha sofrido. Ao longo dos escritos, ela retratou, como se tivesse uma câmera nas mãos, toda a sua família, a cada momento focando num dos parentes que se foi. No dia 26 de janeiro de 1944, relembrando a morte dos pais, ela descreve o pai da seguinte forma:

> Papai! Ele apareceu na minha frente como se estivesse vivo. [...] Eu vejo seus olhos, seus olhos sábios e expressivos e de repente me lembro de seu aperto de mão. Ainda o sinto. Foi quando eles nos deixaram entrar no hospital durante o Yom Kippur (na rua Lagiewnicka) e papai apertou minha mão enquanto se despedia. Ah, o quanto esse aperto de mão significou para mim, quanto amor de pai havia nele. Ah, Deus, nunca vou esquecer! Meu papai, vivo, meu amado papai, a mais querida de todas as criaturas queridas do mundo.

No mesmo trecho, ela se lembra de ter ficado mais próxima da mãe com a morte do pai:

> Só então... percebi que minha mãe me entendia. Mamãe... Realmente senti isso. Naquele momento ficamos mais próximas e passamos a viver não como mãe e filha, mas

---

[6]. Nenhum dos diários das amigas de Rywka foi encontrado.

como melhores amigas... A diferença de idade não tinha importância (eu tinha doze anos). Ah, Deus! Então minha mãe morreu e o que ela não me contou ficou em segredo para sempre.

A morte de seus pais a deixou na posição — aos doze anos — de mãe dos três irmãos. Como ela afirmou, "Abramek me escolheu como mãe. 'Você é nossa mãe', ele dizia". E, como qualquer mãe, ela sofreu uma dor e um remorso terríveis quando foram deportados do gueto no *szpera* de setembro de 1942. A culpa e a angústia por não ter sido capaz de protegê-los da deportação assumiram muitas formas: em um texto, ela lamenta o fato de Abramek, "um menino tão bom", ter dado a ela seu pão e, por causa disso, ter ficado com "uma aparência ruim", o que fez com que fosse levado. As pessoas frequentemente eram julgadas pela aparência e pelo que demonstravam quanto a sua habilidade de trabalhar e produzir. "Uma aparência ruim" significava que ele provavelmente dava sinais de desnutrição (inchaço ou retenção de líquido), de doença ou de declínio das condições de saúde, o que poderia levar à deportação ou à morte.

Em outro registro, escrito em 19 de janeiro de 1944, ela escreveu sobre a irmã mais nova:

> Através do nevoeiro de minhas lágrimas, vi os olhos assustados de Tamarcia (era assim que ela aparecia na foto)... Ah, tenho medo de escrever sobre isso... Ela parecia estar me chamando, como se estivesse pedindo ajuda... Eu não fiz nada... [...] Ah, Tamarcia, onde você está? Quero ajudar você... Eu me viro de um lado para o outro, estou presa... Ah, quantas tragédias estão contidas nestas palavras?! Estou com medo, sinto saudade dela, estou encharcada de suor frio e quente.

Por diversas vezes, Rywka reviveu o sofrimento da perda do irmão e da irmã e, por mais injustificada que fosse, sentiu uma culpa terrível pelo que aconteceu. Mas, ao mesmo tempo, não deixava de considerar a responsabilidade dos outros por aquela tragédia, e escreveu, em 15 de janeiro de 1944: "Abramek, onde você está? Tamarcia!... [...] Ah, vão para o inferno, saqueadores e assassinos... Nunca vou perdoá-los, nunca. Mas diante 'deles', estou perdida...".

Há uma tensão que aparece em muitos escritos do mesmo período do diário de Rywka. De certa forma, ela suspeitava ou até sabia que os irmãos tinham morrido. Por outro lado, sua mente não permitia que aceitasse isso; a natureza mal resolvida da perda, ou seja, a deportação para um destino incerto, sempre deixava em aberto o pensamento esperançoso de que eles poderiam, de alguma forma, ter sobrevivido. Em geral, diversos elementos — a falta de informação, a ocultação deliberada por parte das autoridades alemãs, o reconhecimento tácito pela comunidade judaica, a incapacidade de compreender e acreditar completamente, a recusa a crer em algo que a mente não desejava saber, a possibilidade remota de um destino alternativo — combinavam-se para torturar os sobreviventes quando se questionavam sobre o destino de seus entes queridos. Rywka escreve em inúmeras ocasiões sobre os sonhos que tinha, dormindo ou acordada, em que essa esperança excruciante se apresentava vívida. No dia 7 de fevereiro de 1944, escreveu:

> Sábado de manhã tive um sonho... [...] De repente, a porta se abriu e Abramek entrou (no início pensei que fosse só Abramek), então depois entraram Tamara e mamãe. Me atirei sobre eles. Peguei a mão da Tamara. Percebi que ela estava um pouco mais alta, mas parecia igual, igual à última vez em que tínhamos visto ela. Abramek estava bem vestido e mais alto também... Tamara me disse que onde eles estavam eram obrigados a se comportar mal e que, se alguém se comportava bem, era punido... E então acordei...

Apesar dos sonhos, a realidade assustadora e inescapável ia penetrando cada vez mais a consciência de Rywka. Em um dos registros, descreve um sonho que teve com sua vida após a guerra: "me via em um apartamento modesto, compartilhado com minha irmã — no início achava que era Tamarcia, mas hoje é mais provável que seja Cipka" (28 de fevereiro de 1944).

Na constelação dos "pensamentos íntimos" de Rywka, há um último tema que merece ser examinado: a luta para se manter forte diante do desespero crescente. É um assunto presente em quase todos os diários do período — independente da idade, do nível escolar, do status ou das circunstâncias do

Pessoas sendo deportadas do gueto de Lodz em 1942.

autor. É impossível entender essa oscilação entre esperança e desespero sem levar em consideração a natureza do próprio tempo durante o Holocausto. À medida que a guerra se arrastava e informações de assassinatos em massa abriam caminho na consciência coletiva, os judeus vítimas do regime nazista perceberam que sua sobrevivência dependia totalmente de que eles aguentassem mais que os alemães. Certamente, no período de 1943-4, época em que Rywka escreveu seu diário, a rede de informação formada por rádios clandestinas e outras fontes deixou a população, mesmo no fechado gueto de Lodz, ciente de que era só uma questão de tempo para que os alemães fossem derrotados. O tempo era tudo. A questão que atormentava a todos era se aguentariam até o fim ou se suas vidas seriam tomadas pela doença, pela desnutrição, por um acidente, pela violência aleatória ou pela deportação. Rywka resumiu bem essa sensação em 28 de janeiro de 1944: "Estou esperando que a guerra acabe. Ah, e essa espera é trágica também!".

Do mesmo modo que a sobrevivência dependia da sorte, também dependia da capacidade de manter a esperança — de ter força para lutar e permanecer vivo — e não sucumbir ao desespero, à indiferença e à apatia que levavam à morte inevitável. Rywka tinha ciência total dessa dinâmica. Ela incentiva a si mesma (e às amigas) a lutar e suportar:

> Minha angústia está crescendo... Há cada vez mais angústia em mim... A única coisa que poderia aliviar essa sensação está tão longe... Cada vez mais... Como devo agir? Me desfazer em pedaços? Não! Não posso. Esperar pacientemente? Ah, é demais! É estressante! Ah, estou com medo de não conseguir mais! Grito com toda a minha força: "Aguente!". Porque isso é o mais importante. E o mais difícil! Deus! Que luta! Que luta terrível! [...] Não posso desistir! Mas quem está pensando em desistir?... [...] Ah, sinto que estou afundando cada vez mais em um pântano cheio de lama... e... não consigo sair. [...] Não! Não vou deixar isso acontecer! Vou me esforçar ao máximo! Mas estou dominada pela exaustão! Ah, como posso brecar tudo isso? Quem pode me ajudar? Este gueto é um inferno terrível. (23 de fevereiro de 1944)

Na verdade, Rywka tinha poucos motivos para ter esperança; não possuía nenhuma defesa contra as forças que avançavam sobre ela de todas as formas. Em outro sonho, no dia 2 de março de 1944, o subconsciente de Rywka mostrou os perigos que estavam por toda a parte:

> Ah, o que foi esse sonho?! Estava escuro... Chajusia veio até mim e disse que se apresentou para deportação por uma questão de honestidade. Não só ela... Outros tinham feito a mesma coisa. Lembrei da srta. Zelicka e de Surcia. Ah, não consigo expressar o que senti. Sei que vi a escuridão diante dos olhos. Me sentia sufocada. Não conseguia dizer uma palavra. Fiquei em conflito pensando se deveria me apresentar também ou não... Eu tinha que ficar com Cipka, mas não podia me separar de Surcia. Ah, que sentimento horrível! [...] Ah, nervos... nervos... Estou exausta. É horrível...

O esforço de Rywka para aguentar tudo aquilo se intensifica ao longo do diário, chegando ao ponto mais alto em fevereiro e março, quando o inverno ainda se arrasta, uma nova ordem de deportação tira mais um pouco de vida do gueto e a fome fica quase intolerável. Nessa conjuntura, a fé de Rywka era um baluarte — às vezes o único que ela tinha — contra o desespero total:

> Quantas pessoas se perguntaram: por quê, para quê e, devagar, paulatinamente, perderam a fé e ficaram desanimadas com a vida. Ah, é tão terrível! Desanimadas com a vida. É por isso que sou tão grata a Deus três vezes, até quatro, por ter me dado a oportunidade de acreditar. Se não fosse pela minha fé, eu, como outras pessoas, perderia a vontade de viver. [...] Tenha paciência, com a ajuda de Deus tudo vai ficar bem. (12 de fevereiro de 1944)

Na manhã do dia 8 de fevereiro de 1944, o gueto enfrentou uma nova crise. As autoridades alemãs exigiram 1500 homens para trabalhar fora do gueto. Os deportados deveriam ser retirados apenas da administração: não das oficinas nem dos departamentos de transporte e carvão.[7] Rywka cita a notícia pela primeira vez cinco dias após a ordem ser emitida. A administração do gueto ainda não tinha conseguido reunir o número necessário de homens; já com muitos anos de experiência e prevendo o que aconteceria com eles, os convocados preferiram se esconder e não se apresentar. Por causa disso, seus cartões de ração foram bloqueados, como uma tentativa de fazê-los sair do esconderijo, e seus parentes foram mantidos como reféns. Rywka escreveu em 12 de fevereiro:

> Ah, Deus, o que está acontecendo no gueto? Deportações de novo! Há muitas crianças, algumas de cinco anos, na rua Czarnieckiego. Estão sendo mantidas reféns no lugar dos que receberam as convocações... [...] Quando

---

7. Lucjan Dobroszycki (Org.), *The Chronicle of the Lodz Ghetto 1941-1944*. New Haven: Yale University Press, 1984.

> descemos, descobri que Mania estava na rua Czarnieckiego
> como refém por causa de seu pai... Deus! Isso me atingiu
> como um raio no céu azul. Mania na rua Czarnieckiego!
> Não, não é possível!

Rywka relatou um discurso proferido pelo sr. Zemel na oficina, em que transmitia os alertas de Rumkowski contra quem ajudava os que estavam nos esconderijos. Ela viu um grupo de deportados e relatou a cena no diário:

> Ah, hoje estávamos na casa da Edzia e vimos um grupo
> de homens. Eles estavam indo para a rua Czarnieckiego,
> ouvíamos o choro deles. Ah, é de partir o coração!
> Estamos todos em farrapos... Estamos em farrapos! Deus,
> nos una! Misture-nos em um todo grande e inseparável! Ah,
> quando isso vai acontecer? Quando a Geula [Redenção] virá?

No dia 20 de fevereiro, a administração impôs um toque de recolher a todo o gueto e a Polícia do Gueto Judaico realizou buscas de apartamento em apartamento. Foi o suficiente para reavivar as memórias traumáticas do *szpera* de setembro de 1942. Rywka escreveu em seu diário:

> O *szpera*! Quantas memórias trágicas, quanta dor e
> angústia, quanta ansiedade (não consigo nem enumerar
> tudo) estão contidas nessa única palavra? Ah, Deus,
> quanto horror? Em só uma memória... E se tivermos outro
> *szpera*? Isso é um *szpera*? Graças a Deus, felizmente não
> é como daquela vez.

Na verdade, embora não houvesse motivos para que os habitantes do gueto acreditassem, essa ordem de deportação era diferente das outras. Os que foram chamados seriam enviados para Czestochowa para trabalhar, não para o local de extermínio em Chelmno como tantos antes deles. Ainda assim, anos de terror e desconfiança no gueto não seriam amenizados por promessas ou garantias. As pessoas se recusaram a se apresentar, e o gueto enfrentou uma crise que se arrastou até março. Em determinado momento, incapaz de reunir o número necessário de homens, a administração

Crianças reunidas durante o *szpera* marcham em direção ao local de onde seriam deportadas.

começou a recrutar mulheres e mantê-las na prisão central. Rywka conta que até mesmo algumas das garotas da Bnos — ou seja, amigas suas da comunidade judaica ortodoxa — foram levadas. Em 24 de fevereiro 1944, Rywka confidenciou seu desespero, a sensação de ser esmagada pelo peso da crise existencial do gueto:

> Estamos na escuridão... Alguém está nos empurrando... e empurrando... Não vamos resistir... E estamos afundando... Estamos ficando presos... Deus, nos ajude a sair!!! Infelizmente, a ajuda ainda não está vindo. Quem sabe se chegará a tempo? Ah, estamos todos nas mãos de Deus! O que mais podemos fazer? Está escuro e vazio à nossa volta! Está terrivelmente escuro e nebuloso! E essa

> neblina está entrando no meu coração... Mal consigo
> respirar. Ah, impossível... Vamos morrer sufocados. Ah,
> mais ar fresco. Ah, sentimos tanta falta do ar fresco...
> Deus! Deus! É tão trágico, sem solução, ruim.

Embora Rywka não estivesse correndo risco de ser deportada, ela escreveu no diário sobre o efeito da deportação nas pessoas ao seu redor. Em uma carta a Chajusia, tentou reforçar a coragem da amiga, escrevendo:

> E você precisa se acalmar! Não fique em casa o dia
> inteiro! Vá caminhar! Talvez se sinta melhor! [...] Ah,
> Chajusia, você pode achar que não entendo nada, mas
> acredite em mim! [...] O truque é se controlar e não
> deixar o mal controlar você...

Ainda assim, aquelas que testemunharam os acontecimentos na prisão central — Surcia, Estusia, Mania Bardes e outras — relataram cenas terríveis e assustadoras. Todo o gueto sofria as consequências de terem se transformado em um campo de trabalho forçado, em que a sobrevivência das pessoas dependia de suas habilidades para abastecer os alemães com produtos para o esforço de guerra. Rywka escreveu em tom de queixa no dia 17 de fevereiro:

> Além disso, na nossa escola (nem é mais uma escola, porque
> seu nome foi mudado para *fach kurse* [curso vocacional]),
> não teremos mais aulas de hebraico ou matemática, só
> cinco horas de costura e uma hora de desenho técnico. Não
> são permitidos livros nem cadernos no trabalho. É tudo
> segredo, elas (as oficinas) precisam dar cobertura a nós,
> crianças, porque estudar é proibido. Isso machuca tanto
> (para eles não somos humanos, apenas máquinas).

A partir de março, os deportados deixaram o gueto em trens que levavam de quinhentas a 750 pessoas. No fim do mês, chegaram notícias de deportados que diziam que todos estavam trabalhando numa fábrica com boas condições e comida suficiente. O clima no gueto se acalmou e a vida voltou ao ritmo normal. A fome seguiu inabalável. "Ultimamente não temos nada,

Retrato de adolescentes e suas professoras usando estrelas de davi em uma oficina de costura do gueto de Lodz.

nada", Rywka escreveu em 13 de março, "Estamos ocupados pensando em nossos estômagos (não gosto disso), simplesmente nos tornamos animais... Somos mais animais do que humanos. Como é terrível..."

Perto do fim do diário, conforme o inverno dava lugar à primavera, a escrita de Rywka de repente se iluminou. É verdade que as dificuldades continuavam a acometê-la — ela ficou muita entristecida durante a Pessach[8] lembrando do passado, escrevendo diversos textos sobre o pai e sua doença, e sofrendo pela ausência dele no Seder —, mas o tempo mais quente e os dias ensolarados acabaram por melhorar seu humor. Como para tantos outros escritores, a chegada da primavera trouxe uma sensação de esperança renovada. No dia 11 de abril, ela escreveu:

---

8. Festa que comemora a libertação dos hebreus da escravidão no Egito, aproximadamente em 1280 a.C. (N. E.)

> Obrigada, Deus, pela primavera! Obrigada por esse ânimo! Não quero escrever muito sobre isso, porque não quero estragar, mas vou mencionar uma palavra significativa: esperança! [...] Estou tão feliz. Talvez as coisas melhorem; será que finalmente ficará tudo bem? Ah, quero isso o mais rápido possível! Ah, essa animação. Parece estar contagiando a todos. De certa forma, é por causa dessa mudança maravilhosa no clima. Sim, não tenho dúvidas. [...] Somente o Senhor sabe do que precisamos e... Ah, Deus, nos dê aquilo de que precisamos! Nos dê! (Ah, a chuva de verão está caindo!)

O diário termina abruptamente no registro seguinte, no meio de um parágrafo enigmático sobre a elegibilidade para turnos de trabalho mais longos, que trariam rações complementares de comida. Aqueles que desejassem se inscrever, de acordo com Rywka, precisariam de um certificado dizendo que tinham nascido em 1926 ou 1927, o que significava que teriam de ter entre dezessete e dezoito anos de idade em 1944. Rywka, que nasceu em 1929, não atendia à restrição de idade. Mas, estranhamente, na última linha do diário ela escreve que nasceu em 1927. Não fica claro se ela apenas redigiu a data errada ou se estava pensando em se inscrever. De qualquer forma, o diário termina ali, com suas últimas palavras, "mas na verdade", escritas no meio da página. O restante da folha está em branco, o que sugere que Rywka de fato parou no meio da entrada, não que o restante do diário tenha sido perdido.

Por que ela parou de escrever tão de repente? O que pode ter acontecido a ponto de fazê-la parar no meio da frase e nunca mais retornar ao diário que significava tanto para ela? Não há respostas para essas perguntas. O que sabemos é que, um mês depois do fim do diário, o gueto foi mais uma vez tomado por uma série assustadora de deportações, que aconteceram em maio e junho. E após um período breve de descanso em julho, as autoridades alemãs determinaram a liquidação total do gueto em agosto.

Rywka, Cipka, Estusia, Chanusia e Minia permaneceram juntas no gueto até que todas foram deportadas para Auschwitz, com quase todo o restante dos habitantes do gueto. Rywka levou o diário consigo no trem de Lodz a Auschwitz, onde foi encontrado após a libertação na primavera de 1945. No último registro, datado de 12 de abril de 1944, Rywka expressou todas as contradições e angústias de sua adolescência: a beleza e a alegria do mundo e a miséria de sua existência; o peso esmagador do desespero, o esforço para manter a esperança e, acima de tudo, o desejo de viver que permaneceu forte apesar de tudo que ela suportou.

> Em momentos como este, quero tanto viver. Há menos tristeza, mas ao mesmo tempo estamos mais cientes de nossas circunstâncias miseráveis, nossas almas estão tristes e... é preciso muita força para não desistir. Olhamos para este mundo maravilhoso, esta bela primavera, e ao mesmo tempo nos vemos no gueto, privados de tudo; não temos a menor alegria, porque, infelizmente, somos máquinas com instintos animais bem desenvolvidos. Eles são visíveis por toda parte (principalmente durante as refeições). [...] Por que devo escrever sobre isso? Eu quero, quero tanto. Quando percebo que estamos privados de tudo, que somos escravos, tento deixar esse pensamento de lado para não estragar esse pequeno momento de alegria. Como é difícil! Ah, Deus, quanto tempo mais? Acho que somente quando formos libertados desfrutaremos de uma primavera de verdade. Ah, que saudade da querida primavera...

Alexandra Zapruder recebeu o National Jewish Book Award na categoria Holocausto pelo livro Salvaged Pages: Young Writer's Diaries of the Holocaust (*New Haven: Yale University Press, 2002*).

tak zastałam ułożona. "W resorcie" mam koleżanki mają ojców, ale ich ojcowie nie odprawiają im ono także nie mają sederu, ale z jakiego powodu? a ja przecież mogłabym mieć seder (miałam, ale — by tatuś — — — Och, Boże! Tak już jest na świe[cie]
Gdyby mnie mój tatuś odprawił seder, jakabym [była] szczęśliwa?! Natomiast gdy inni mają ojców (mają prze]cie) i wcale nie pożądają sederu — — — Tak mi [się] mieć drugiego sederu zrobiło się smutno! Ach! — Byłabym się pajęczymej rozpłakała — — — I po myśli[ć] już nigdy, już nigdy tatuś nie odprawi dla nas se[deru] Chociaż już trzeci rok dobiega, ale pogodzić się nie [mogę] tą myślą — — Tatuś już nam nie odprawi sederu Jak to brzmi boleśnie — — Jak to boli! — — Prosił[am] jednak Boga, ażeby jaknajmniej pomyślny seder zost[ał] odprawiony przez Abramka — — — Och! — Cktoś jest silniejszy niż żelazo, niż stał — — — No, już dość
— — — Jorsztym wieroraj (poniedziałek) w resorta[ch] pracowano cały dzień. Odebraliśmy resztę roi qp[...] ciej brykietów. Wieczorem była zbiórka u p. Kiliowe[j] kursy dla starszych, dla młodszych, och, takie [...]

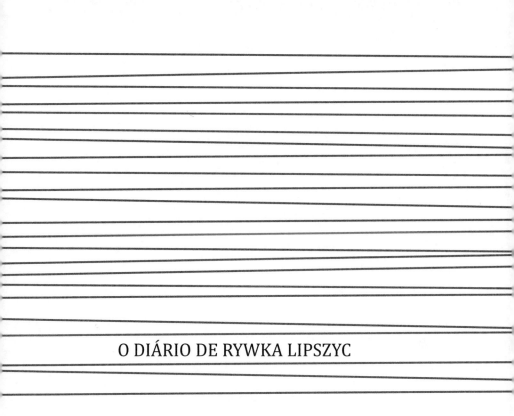

O DIÁRIO DE RYWKA LIPSZYC

Com notas de Ewa Wiatr

DOMINGO - 3 DE OUTUBRO DE 1943

O primeiro feriado já passou (Rosh Hashaná).[1] Não foi ruim para mim. Ontem foi sábado. Tivemos uma assembleia. Surcia estava lendo um boletim informativo. Ah, foi tão maravilhoso e emocionante... Depois tivemos uma assembleia com os anciãos. O sr. Berliner fez um discurso. E ontem, depois da assembleia, percebi que, comparada às minhas amigas, estou em um nível mais alto e é por isso que elas me admiram. Na visão delas eu sei muitas coisas e tenho muitas habilidades. Ah, elas estão tão erradas, tão enganadas... Conversei com Ewa sobre isso. Ela concordou que tenho algo a oferecer a elas, mesmo não sendo tanto assim, mas tenho. E sinto que sei tão pouco... Que tenho poucas habilidades... Preciso escrever uma carta para Surcia.

QUARTA-FEIRA - 6 DE OUTUBRO DE 1943

Há um instante Lucki me disse para ir ao escritório na sexta (hoje é quarta). O Yom Kippur[2] é sábado. Eu estava escrevendo uma carta para Surcia. Depois ele disse (cheio de bondade no coração) que seria melhor se eu fosse trabalhar na oficina para aprender alguma coisa.[3] Ele perguntou quem é meu

---

1. O ano-novo judaico.
2. O Yom Kippur, Dia da Expiação, é a data mais sagrada do calendário judaico. Nesse dia, deve-se rezar e fazer jejum para expiar os pecados do ano que passou.
3. Rywka usa a palavra polonesa *resort* para fábrica, oficina ou divisão, que desde o início se tornou parte do vocabulário do gueto. Gradualmente, todas as instituições e locais de trabalho do gueto passaram a ser chamadas *resorty*. Os habitantes trabalhavam nas fábricas para produzir mercadorias para clientes alemães, principalmente as autoridades do Estado, como os militares, a polícia e as organizações paramilitares.

tutor. Disse que é Estusia e que ela tem vinte anos. Ele quer que ela vá vê-lo amanhã. Precisa conversar com ela. Interessante...

SEXTA-FEIRA - 8 DE OUTUBRO DE 1943

Há um grande alvoroço no escritório. É porque amanhã é o Yom Kippur — Dia do Julgamento (ou Dia da Expiação). Mas isso não tem muita importância para mim. Ontem depois do trabalho fui ver Zemlówna.[4] Conversei com ela sobre fazer parte da oficina. Ela vai tentar conseguir isso para mim. Seu irmão é como se fosse um gerente da oficina de Glazer.[5]

DOMINGO - 10 DE OUTUBRO DE 1943

Acabou o jejum — não foi tão ruim assim —, mas eu ainda estou muito fraca. Passei quase o dia inteiro com Fela, Sala, Ewa e Ryfka (Mandelzis). Fomos para a rua, mas não para muito longe. Não tínhamos força suficiente. À noite, depois do jantar, Cipka, Sala e eu descemos de novo porque não é muito saudável dormir logo depois de comer. Discutimos algumas coisas, sobre as quais eu devia escrever, mas infelizmente não posso. Talvez faça isso no futuro (é sobre minhas primas). [...]

TERÇA-FEIRA - 12 DE OUTUBRO DE 1943

Hoje é meu último dia no escritório. Tenho até um documento me liberando de lá e outro exigido pela oficina. Provavelmente tudo vai ser arranjado hoje às treze horas. Ontem eu estava na casa da Chajusia (tinha que devolver um livro a ela) e conversamos sobre as primas. Mais tarde me senti um pouco estranha. Meu coração está partido. No momento, não tenho ideia do motivo. Ontem no

---

4. Rywka se refere com frequência a Zemlówna, que era irmã do sr. Zemel, gerente da Oficina de Vestuário e Roupas de Cama e, em determinado momento, chefe de Rywka. Embora ela habitualmente grafasse "srta. Zemel", não fica claro a idade dela ou se era contemporânea de Rywka. Como sua identidade não foi descoberta, deixamos o nome como Rywka escreveu no decorrer do diário.
5. Leon Glazer gerenciava a Oficina de Vestuário e Roupas de Cama na rua Dworska, número 14, onde trabalhadores produziam roupas de baixo, vestidos e outras vestimentas. Centenas de crianças trabalhavam lá e frequentavam a escola dentro da oficina.

escritório eu estava lendo o romance que devolvi a Chajusia. *Sonata do sofrimento*. Ah, é tão bem escrito que comecei a admirar muito o autor. Tem muitas coisas com que me identifico no romance, mas também há coisas às quais me oponho. Por exemplo, a fé. Sou uma pessoa religiosa. Ele queria acreditar, mas não conseguia encontrar consolo na fé. É simplesmente brilhante. Eu entendo sua luta interna. Ah, isso me impactou muito. Talvez por isso tenha partido meu coração. Como já mencionei antes, em momentos como este prefiro ficar sozinha ou com uma pessoa que me entenda. Fui visitar Fela Dzialowska. Conversei com ela sobre isso, mas nem eu nem ela tínhamos muito tempo. Tempo. Essa falta terrível de tempo... Isso me destrói (não só a mim, mas a todos). Ah, sinto agora que meu coração está partido... Deus! Deus! O que vai acontecer? O mundo é pequeno demais para mim. Não consigo encontrar meu lugar, mas estou quieta, sentada, e não demonstro minhas emoções. Se alguém começasse a contar piadas agora, eu cairia na gargalhada. E depois diria a mim mesma "Isso é bobeira". O que posso fazer? Ontem fiquei perdida em meus pensamentos por um tempo. Estava pensando que uma menina de catorze anos até pode ser considerada uma criança. Minhas amigas são a maior prova disso. Para falar a verdade, acho que o gueto as afeta diretamente (me afeta também) e claramente não nos faz nenhum bem. Infelizmente, as pessoas só levam a idade em consideração, não a mente. Elas me veem como uma menina de catorze anos, uma criança (tenho sorte de ter me desenvolvido bem fisicamente), mas elas estão erradas. Estou sendo desperdiçada. Mas ninguém sabe disso. Só consigo pensar que, se eu fosse mais velha, as pessoas me entenderiam melhor. Bom, não posso adiantar o tempo. Suponho que eu seja uma pessoa que reflete muito sobre tudo à minha volta, qual é a utilidade disso? Estou perdida...

DOMINGO – 17 DE OUTUBRO DE 1943

Hoje é o Sucot e, depois de muito tempo, finalmente tenho um domingo livre para mim.[6] Na quarta-feira fui liberada para ir à escola (na rua Zydowska, número 10), mas agora estou em uma lista de espera porque não há vagas.

---

6. A festa de Sucot relembra o nomadismo dos israelitas após o êxodo do Egito, época em que, sem terra própria, viviam em cabanas frágeis e temporárias.

Estou muito contente, pois de uma forma ou de outra, ganho a sopa. Mas não queria escrever sobre isso. Na sexta-feira houve uma grande confusão. Depois de acender as velas (do Shabat), Estusia e Minia foram à casa da Lola (tinham que levar alguma coisa para ela). Alguma coisa não estava certa. A luz estava acesa no apartamento da Lola, mas ninguém atendeu à porta. Estava escurecendo. Minia chamou, mas ninguém respondeu. Elas andaram um pouco pela rua e quando voltaram a janela tinha sido coberta. Sem dúvida alguém estava no apartamento. Estusia subiu e bateu à porta. De repente ouviram a voz de Majer. Ele falou bem baixinho: "Vão embora, depois encontro vocês". Elas não tinham escolha, então voltaram para casa. Quando ficamos sabendo disso, não sabíamos o que pensar. Nacia, Bronka e Pola Dajcz estavam com a gente.[7] [...] Tivemos que esperar. Minutos pareciam horas. Até que, finalmente, Lola e Majer apareceram. O que tinha acontecido? A polícia secreta estava procurando um vizinho que estava escondido no apartamento deles.[8] Era por isso que não podiam abrir a porta. Não foi tudo tão terrível no fim das contas.

[...] Hoje vamos à casa de banho. Estou preocupada de novo porque não posso estudar... Ontem à noite sonhei que tinha comprado um livro sobre a natureza...

TERÇA-FEIRA - 19 DE OUTUBRO DE 1943

Amanhã começo a trabalhar às oito horas (na rua Franciszkanska, 13/15).[9] Além disso, na quinta-feira temos uma terceira assembleia e provavelmente organizaremos um show... Espero que seja um sucesso! [...]

---

7. Rywka está se referindo através de apelidos aos membros da família Dajcz, que moravam em um apartamento próximo (rua Wolborska, número 38, apartamento 15). De acordo com os cartões de registro oficiais, a família incluía as gêmeas Nucha-Brana e Perla-Rajza (nascidas em 19 de novembro de 1925), Chejwit-Rywka (nascida em 5 de dezembro de 1926) e Sura (nascida em 10 de novembro de 1928).
8. Essa é uma alusão à Seção Especial (*Sonderabteilung, Sonderkommando*), uma unidade da polícia do gueto judaico. Eles confiscavam bens e faziam batidas por ordem dos alemães. Como tinham a função de prender ou pessoas para enviá-las ao trabalho ou à deportação, sua presença evocava terror entre a população.
9. Esse endereço, na esquina com a rua Smugova, originalmente abrigava uma escola e, depois de outubro de 1941, serviu como abrigo temporário para os judeus de Praga deportados para o gueto. Quando Rywka começou a escrever seu diário, a construção era usada pela fábrica de roupas de Glazer.

SÁBADO - 23 DE OUTUBRO DE 1943

As festas acabaram. Ah, tenho tanto para escrever que nem sei por onde começar. Sei que não vou conseguir escrever tudo hoje. Quarta-feira fui à escola. Gostei muito... Estamos aprendendo a tirar medidas para fazer uma saia. Na verdade, o curso começa segunda-feira. Estou feliz porque não vou para lá desde quinta-feira [passada], por causa das festas. [...] Ainda não tenho certeza se deveria continuar escrevendo... Não tenho paciência nem tempo. Bem, não, vou parar... [...]

TERÇA-FEIRA - 26 DE OUTUBRO DE 1943

Me sinto melhor, mas domingo à noite tive febre alta. Domingo trabalhamos muito: lavamos roupa (não terminamos ainda), janelas, lençóis, além de algumas tarefas na cidade. Estusia não estava se sentindo bem; ela teve um pouco de febre e foi deitar. Eu estava me sentindo mal também e tive uma dor de cabeça horrível. Quando voltei da cidade (consegui um cupom para ir ao dentista no Comitê de Proteção à Juventude),[10] estava febril. Minha temperatura não parou de subir até anoitecer. Minia trocou meus lençóis e arrumou a cama. Ela ficou o tempo todo dizendo o quanto era uma boa prima etc. Ela queria que eu registrasse isso por escrito.

SEXTA-FEIRA - 29 DE OUTUBRO DE 1943

Tenho pouquíssimo tempo. Minia está trabalhando no banco e amanhã é o dia em que Chanusia vai iniciar seu período de experiência e poderá co-

---

10. O Comitê de Proteção à Juventude (*Komisja Opieki nad Mlodocianymi*), criado em 22 de setembro de 1942, unia órfãos a famílias adotivas com base nos decretos de adoção introduzidos por Rumkowski. A necessidade de estender proteção especial às crianças ficou clara depois das deportações de setembro de 1942 (o chamado *szpera*), quando, apesar da ordem dos alemães de que todas as crianças judias fossem deportadas por serem "elementos improdutivos", muitos pais esconderam os filhos e foram em seu lugar, deixando-os sem tutores. Rumkowski apelou às famílias para que recebessem as crianças órfãs, oferecendo rações suplementares de comida como incentivo, e o Comitê de Proteção à Juventude facilitou e supervisionou as adoções, fornecendo roupas de cama, vestuário e outras formas de apoio financeiro. Rywka e Cypora Lipszyc, que ficaram órfãs em 1942, foram adotadas pelas primas mais velhas e receberam ajuda do Comitê.

meçar a trabalhar lá também.[11] Estusia substituiu Minia na Treiberiemen--Reparatur.[12] Fui para a escola hoje. Estou muito feliz.

Estou muito ansiosa, mas não tenho muito tempo de escrever sobre isso. Como Surcia diz, sou simplesmente um espírito inquieto... Preciso escrever, mas infelizmente não há tinta na escola, então deixo muitos assuntos de fora. Ah...

DOMINGO - 31 DE OUTUBRO DE 1943

Hoje é domingo. Estusia e Minia estão trabalhando no banco. Faz muito frio. Estou muito chateada. Hoje de manhã fiquei lembrando de novo que Abramek e Tamara foram deportados e que mamãe morreu... Fiquei tão triste, tão dominada pela dor. E pensei: dou risada, sou alegre, apesar de pensar muito neles. Também penso em outras coisas, mas estou sempre cheia de remorso por ter feito uma coisa e não outra. Como poderia imaginar que nos separaríamos? Isso nunca passou pela minha cabeça. Antes da guerra e logo no começo dela, quando eu estava lendo uns livros tristes, ficava muito emotiva, mas ao terminar de ler pensava: "Sim, é tão lindo, mas é só um romance. Isso aconteceria de verdade?". Eu nem imaginava que ia ficar sem meus pais. E hoje?... Hoje estou passando por isso. Aprendi da maneira mais difícil...

QUARTA-FEIRA - 3 DE NOVEMBRO DE 1943

Ultimamente os suprimentos estão escassos e provavelmente nossa *bajrat*[13] vai ser tirada. Ah, estou cansada disso... Ano passado eles também tiraram nossa *bajrat*. Minia foi até Gertler e graças a nossas conexões

---

11. O banco Przelozonego Starszenstwa Zydów, estabelecido no dia 26 de junho de 1940, ficava na rua Marysinska, número 71, e depois mudou para o número 7 da rua Ciesielska. Sua filial foi criada no dia 8 de julho de 1940, na rua Limanowskiego, número 56. Entre suas principais tarefas estava a supervisão da emissão de dinheiro do gueto, conhecido como "rumkis", por causa de Rumkowski.
12. A Treiberiemen-Reparatur (oficina de conserto de correia mecânica) foi criada em agosto de 1942, como iniciativa da Komisja Fachowa (Comissão Técnica), e ficava na Plac Koscielny, número 4.
13. A *bajrat* ou "cota B" (Przydzial B) pertencia a pessoas privilegiadas do gueto. O termo polonês *bajrat* se refere ao *Beirat* alemão, outro nome para o Conselho dos Anciãos.

conseguimos de volta (junto com outras famílias).[14] Mas agora ninguém poderá ajudar. Quem sabe? Depende da graça de Deus. Estou inquieta... [...] Quanto à escola, não está ruim, estou bem satisfeita. Vou poder consultar um dentista de graça e vou conseguir um casaco feito sob medida (graças à Proteção à Juventude).

Ah, meu diário, se eu pudesse ao menos escrever o que sinto, se tivesse mais tempo! Meu coração está pesado... [...]

QUINTA-FEIRA - 4 DE NOVEMBRO DE 1943

Hoje estávamos trabalhando com a máquina de costura. Deveríamos ter tido outras aulas também, mas durante a primeira aula nem todas as meninas puderam costurar porque não havia máquinas suficientes. Por isso tivemos [outra] aula de costura. Tive tempo para fazer crochê.

Além disso, estou muito triste (não demonstro, mas a tristeza está partindo meu coração ao meio), anseio por algo melhor e sinto saudade de Abramek e Tamarcia. No passado eu costumava cantar "Kinder yorn" para eles... Era tão bom![15]

Há mais ou menos duas semanas, Surcia sussurrou em meu ouvido que um dia, andando com Chajusia, ela encontrou Estusia e Minia. Elas disseram que eu tinha mudado para melhor. Fiquei quebrando a cabeça para entender o que queriam dizer com isso. A única resposta que me vem à mente é o fato de que faço mais [na casa] do que digo. Mais? Quase tudo! Então isso não me surpreende. Mas será que tem algo a mais que eu não estou vendo? Talvez Surcia disse isso só para me deixar feliz? Ah, meu diário, o que vai acontecer? Só Deus sabe!

SEXTA-FEIRA - 5 DE NOVEMBRO DE 1943

Hoje eu cheguei atrasada no trabalho. Não fui a única, muitas meninas também chegaram. Eles não queriam nos deixar entrar e não deixaram mes-

---

14. Dawid Gertler era uma pessoa com amplas conexões no gueto. É possível que as "conexões" de Rywka e suas primas tivessem a ver com o fato de que eram netas do último rabino de Lodz, o famoso Moshe Menachem Segal.
15. Provavelmente é uma referência a uma canção popular em iídiche, "Kinder yorn" (Infância), de Mordechai Gebirtig.

mo. Fui para casa. Apesar de Cipka ter chegado na mesma hora que eu, eles a deixaram entrar. Tive que levar café da manhã e sopa para ela, então o guarda me deixou vê-la. Só para garantir, lhe entreguei meu *arbeitskarte*[16] e disse a ela para pedir a Dorka Zand que pegasse um pouco de sopa para mim. Talvez ela consiga...

Ontem testemunhei (não sei como chamar isso) um pequeno incidente: nossa casa é simplesmente um hospício. À noite, eu estava quase terminando de juntar um pouco de lã para hoje. Todas elas foram deitar e, assim que Chanusia foi para a cama, disse que não conseguia dormir sem apagar a luz. Eu falei que apagaria assim que terminasse. Mas Chanusia não me esperou e apagou ela mesma. O que eu poderia fazer? Acendi a luz [de novo]. E antes que eu chegasse à mesa Chanusia já tinha apagado mais uma vez. [...] Fiquei com vontade de chorar. Sentei e chorei em silêncio. Eu estava certa... [...] Mas eu não podia deixar as coisas daquele jeito. Por uma questão de ordem e de orgulho, disse em voz alta: "Estou ocupada com a casa o dia inteiro. Não tenho nenhum tempo livre e quando quero terminar alguma coisa vocês não deixam!". [...]

SEGUNDA-FEIRA - 8 DE NOVEMBRO DE 1943

Hoje de manhã eu estava um pouco ansiosa para ir à escola. Eu não ia lá havia dois dias e estava com medo de não conseguir acompanhar as aulas. Meu medo cresceu quando vi outras meninas mostrando saias novas (moldes em papel) umas às outras. Eu não tinha nada para mostrar, mas felizmente não era a única que estava em um nível mais baixo. Algumas meninas novas tinham se juntado a nós, então a aula foi repetida. Tivemos que suportar aquela situação, e depois tivemos aula de hebraico. A professora falou sobre *Shalom aleichem*...

Ontem (domingo) teve sopa para todo mundo. Talvez seja assim todo domingo. Na noite passada vi Surcia, mas nós duas tínhamos pouquíssimo tempo. Antes de nos despedirmos, Surcia disse que tinha uma coisa para me dizer, mas não poderia ser na correria, e ela também queria ouvir minha resposta... Estou quebrando a cabeça, o que pode ser?... Não tenho tempo...

---

16. Cartão de trabalho.

DOMINGO - 14 DE NOVEMBRO DE 1943

Amanhã Estusia faz vinte anos. Chanusia (com a ajuda da Lola) ia comprar um presente para ela, mas as duas não vão conseguir fazer isso até amanhã. Cipka foi a mais amável e comprou um cartão. Eu não estou com paciência... Estou resfriada, tossindo...

QUARTA-FEIRA - 17 DE NOVEMBRO DE 1943

Ontem caiu a primeira neve. Fomos buscar roupas e sapatos, mas não chegamos a tempo, então tivemos que ir hoje de novo. Não pude ir à escola, nem a Cipka, e meu nariz estava escorrendo muito. [...] Ah, escrevi uma carta a Surcia. Meu amor por ela cresce cada vez mais. Que pena que não nos vemos tanto...

Ewa e Fela me disseram que, comparado a um tempinho atrás, eu mudei para melhor e também para pior, porque fiquei um pouco convencida. Respondi que pode ser porque fiquei amiga de Surcia etc. Ewa me disse que ela achava que eu ficava fofocando sobre as meninas, incluindo ela própria, com Surcia. Ah, elas estavam tão erradas. Talvez só estivessem com ciúme, ou talvez não... Sinto um peso sobre o meu coração...

QUARTA-FEIRA - 24 DE NOVEMBRO DE 1943

(Não tenho tempo para escrever um diário)... Estou cansada da vida. Desses rancores intermináveis das minhas primas etc. etc. (além disso, não temos mais *bajrat*). [...] Ah, Deus, quando tudo isso vai terminar? Não quero mais viver. Acabei de pensar: "É uma pena que os judeus não possam se matar".[17] Aparentemente não podemos nem pensar nisso. Não estou mais aguentando. Estou escrevendo estas palavras em pé. É por isso que minha letra está tão feia. Tenho a impressão de que não estou demonstrando meus sentimentos. Talvez um pouco. Ah, quando vamos ser libertados? Porque eu vou enlouquecer de verdade... Não tenho tempo... (Ninguém está em casa agora.)

---

17. A lei religiosa judaica, o Halachá, rejeita o suicídio e quaisquer medidas destinadas a acabar com a vida humana.

SÁBADO - 4 DE DEZEMBRO DE 1943

Inacabada... isolada, talvez, e abstrata... Alguma coisa está acontecendo dentro de mim e não sei o que é. Hoje depois da assembleia Chajusia disse o que achava de cada garota. Ela me disse que eu sabia algumas coisas, que eu era sensível a algumas coisas, mas que eu não conseguia me expressar e apresentar aquilo de maneira apropriada. Sei que é verdade. Pedi a ela que falasse mais, mas ela não falou. Talvez outro dia?...

A mãe de Dorka Zand voltou da "K"[18] com o braço quebrado. Ela foi para o hospital. Talvez fique por lá. Dorka parece péssima...

Às vezes quando penso à noite
Olhando para o que está "tão distante"
Sinto como se meu coração fosse espremido
E me sinto tão mal...
Penso em Tamarcia, Abramek,
Onde o destino cruel os levou,
Quero tanto tê-los de volta,
Como uma flor coberta por orvalho fresco.
Então tenho sonhos, sonhos doces,
Vejo todos perto de mim,
Mando para eles sorrisos doces,
Planejo o futuro deles...
Mas quando de repente um fio
Dos sonhos doces e silenciosos se parte,
Então me sinto tão mal,
Meu coração dói, cheio de sentimentos...

SÁBADO - 11 DE DEZEMBRO DE 1943

Surcia leu meu diário. Ela disse que eu deveria escrever mais para desenvolver um estilo mais claro e que quando escrevo tenho que me controlar. Ela pediu que eu escrevesse para ela uma carta longa falando sobre meus pensamentos

---

18. A Polícia Criminal Alemã (Kripo) ficava na Plac Kościelny, números 6/8, no prédio paroquial pré-guerra, conhecido como "casinha vermelha". Era lá que a Kripo fazia os interrogatórios, frequentemente torturando os detidos. Como resultado, o prédio evocava medo entre os habitantes do gueto.

e sentimentos e o que eu penso sobre a vida. Me disse para não me importar com meu nível de erudição. Antes de começar a escrever fiquei muito nervosa, mas durante a escrita parece que todo o nervosismo foi embora. Só consigo ver coisas positivas em Surcia. Quando tenho um problema, sempre penso nela. Ah, problema é o que não falta. Tenho que terminar, o jantar está pronto...

    Querida Surcia!
    Às vezes eu acho que a vida é uma estrada escura. Nessa estrada, entre os espinhos, há flores delicadas. Essas flores não têm vida, elas sofrem por causa dos espinhos. Às vezes os espinhos ficam com inveja de sua beleza e as machucam mais. Outras vezes as flores se tornam espinhos, ou sofrem em silêncio e andam entre eles. Nem sempre elas prosperam, mas, se persistem, algo bom pode surgir. Raramente isso acontece, mas na minha opinião todo judeu de verdade que tem uma meta sofre em silêncio. Além disso, acho que a vida é bela e difícil, e acho que precisamos saber viver. Invejo as pessoas que sofreram muito e tiveram uma vida difícil e ainda assim ganham a batalha contra a vida. Sabe, Surcia, essas pessoas (quando leio ou ouço sobre elas) me animam. Então percebo que não sou a única ou a primeira, que posso ter esperança. Mas não estou escrevendo sobre mim.
    Quando fico muito triste, admiro a vida. Então penso: por que algumas pessoas choram enquanto outras estão sorrindo ou sofrendo? Ao mesmo tempo que alguns são grandes espinhos, outros morrem ou ficam doentes. Os que nascem crescem. Amadurecem para viver e sofrer. E mesmo assim todos querem viver, querem desesperadamente viver. As pessoas sempre têm esperança (às vezes inconscientemente). Embora a vida seja difícil, também é bela. A vida tem seu charme estranho. (Vou falar a verdade: não tenho vontade de viver, isso é demais para mim, vou dormir logo e não quero acordar.) Ah, Surcia, se eu realmente pudesse não acordar! Muito pouco teria sido perdido e este papel estaria completamente molhado... Surcia. Quando eu lhe entregar esta carta, isso terá terminado e eu ainda estarei viva. Mas não sei se vou poder lidar com esta vida difícil... Duvido.
    Ah, Surcia, eu queria tanto conversar com você, ver você. Sinto sua falta. Você é um ponto muito positivo da minha vida. Não consigo imaginar minha vida sem ter conhecido nosso grupo e você em

especial. Eu não aguentaria. Mas nem você quer ficar ouvindo essa ladainha de sofrimento... Ah, você queria saber em que tenho focado ultimamente. Bom, quero estar segura de que tenho a opinião certa sobre isso e aquilo, principalmente sobre ações e pensamentos. Saber se não faço julgamentos errados, por exemplo. Por favor, responda. Vai ser um aprendizado para mim. Sua Rywcia está pedindo.
Com estima!

(Surcia não está bem.)

SEGUNDA-FEIRA - 13 DE DEZEMBRO DE 1943

[...] Descobrimos algo feio sobre Mania. Ela copiava poemas de livros e fingia que eram dela. Isso é muito feio! Vou escrever uma carta para ela para marcar um encontro. Quero conversar com ela! Vejo que as meninas não estão fazendo nada e, na verdade, esperam que eu faça. Isso me irrita muito. [...]

Ontem a srta. Zelicka[19] me deixou um bilhete dizendo para ir à casa dela amanhã ao meio-dia tratar de um assunto pessoal. Estou muito curiosa...

Além disso, há uma nova ordem de Biebow que diz que aqueles que trabalharem 55 horas por semana receberão um cupom (meio quilo de pão, vinte gramas de gordura, cem gramas de linguiça).[20] Os passes não estão sendo emitidos e as pessoas estão apressando a produção. Esse cupom vai tirar mais do que vai dar.

Sinto falta de Surcia... Sinto falta de Abramek, de Tamarcia. Eu amo eles. Percebi que amo Cipka cada vez mais; quando ela faz algo de bom, tira boas notas (ela é a melhor aluna), quando entende o que acontece nas assembleias

---

19. Fagja Zelicka era uma jovem professora que lecionava na escola Bais Yaacov, na Cracóvia. A escola foi fundada por Sarah Szenirer, em 1917, e disponibilizou pela primeira vez instrução religiosa sistemática para meninas ortodoxas. A srta. Zelicka comandava reuniões e assembleias sobre assuntos relacionados ao judaísmo e ao desenvolvimento pessoal para as meninas religiosas.
20. Hans Biebow (1902-1947) era o chefe da Administração do Gueto (*Gettoverwaltung*). Era muito poderoso e sua influência era decisiva para estabelecer o gueto de Lodz basicamente como um campo de trabalho forçado. A produção do gueto trazia muitos lucros para a economia do Terceiro Reich, assim como para seus dignitários. Os trabalhadores registrados em turnos mais longos recebiam cotas especiais ("L" – *Langarbeiter* ou *Lang*).

Isso me enche de orgulho e eu fico feliz, embora a alegria não dure muito tempo...

Eu queria tanto que tudo ficasse bem! Ah! Ah, sim, estamos juntando mantimentos para Dorka Zand. Ela não está bem. [A família] está dando quase tudo para ela, que está no hospital. Provavelmente precisará de uma cirurgia... Vamos nos certificar de que ela consiga sua ração através da oficina.

QUARTA-FEIRA – 15 DE DEZEMBRO DE 1943

Querida Surcia!

Ontem você ficou muito animada (durante a assembleia conversamos sobre como organizar o Chanuká porque todos os anciãos virão) e eu também. Você me pediu que continuasse escrevendo, então aqui estamos. Uma vez, quando eu estava no dentista, fiquei pensando: o mundo é como uma boca, as pessoas parecem dentes, e como dentes podem estar doentes ou saudáveis. Desde que estejam saudáveis, são úteis e todos as defendem. Em outras palavras, são necessárias. Quando ficam doentes, ou recebem tratamento e melhoram um pouco, ou são abandonadas e ficam ainda mais doentes. Então fica impossível tratá-las e elas são arrancadas. Elas são arrancadas porque ficam inaptas, não podem oferecer nada ao mundo... Surcia, não é assim? Quando penso na vida dos seres humanos, fico rodeada por tantos pensamentos... Ah, não podemos só falar sobre isso! E Surcia, eu gostaria de receber uma carta (uma resposta) sua! E mais, e mais!

Agora vou lhe contar outra coisa! Não sei o que fazer em relação a alguns incidentes que acontecem em casa. Uma vez rezei para que alguém me aparecesse em sonho para me aconselhar... E tenho percebido, digamos que através de um livro, que se alguém mais velho (não importa a idade) faz algo de errado, uma pessoa mais jovem pode adverti-lo vigorosamente. Mas na minha cabeça, isso é só fantasia do autor. Essas coisas raramente acontecem na vida real. Sou a maior prova disso...

Estusia diz que eu não tenho bom gosto. Eu, obviamente, nunca retruco, mas quero saber se é verdade. Quando, por exemplo, faço algo e me saio mal, mas poderia corrigir facilmente (nós aprendemos com nossos erros), ela fala tanto que não só me desestimula a corrigir, [...] [como] me desanima mesmo. [...] Ou, quando outra pessoa faz algo

errado, ela então usa categorias, [chamando-a de] Rywcia 2 e coisas do tipo. O que ela está pensando? E, mais uma coisa, ela não fica intimidada na frente dos outros, e isso é o pior. Todo dia é assim...
    Ah, Surcia, estou tão triste, não é de surpreender que eu não sinta vontade de fazer nada. E repito mais uma vez, se não fosse você, não sei... Me escreva, Surcia!
    Com estima,
    Rywcia

Não tenho mais tempo.
Acrescento: Surcia nos fez uma visita. [...] Ela trouxe uma resposta para minha carta anterior em que dizia que não sabia que éramos almas gêmeas. Ela claramente esperava uma carta como aquela. Marcamos de nos encontrar na sexta-feira.

SÁBADO - 18 DE DEZEMBRO DE 1943

Ah, tenho tanto para escrever... Ontem (sexta-feira) fui ver Surcia. Ela me deixou ler alguns fragmentos de seu diário e enquanto eu lia percebi que também tinha tanto para escrever... Ela mostrou para a srta. Zelicka a carta em que escrevi sobre a vida. Foi por isso que a srta. Zelicka me mandou um recado pela Surcia dizendo que gostaria de conversar na terça-feira, às onze horas. Isso é tão inesperado... Ela disse para eu me preparar... Estou pensando muito nisso...
    Hoje durante a assembleia falamos sobre encenar uma pequena comédia para o Chanuká. Eu vou ser o Ministro do Interior. Depois conversei com Chajusia. Ela disse que eu devia tentar escrever bastante no diário. E que eu devia estudar muito... tudo... Ah, como eu gostaria. Quero muito estudar.. Minha vida interior é tão complicada... Tanto Chajusia quanto Surcia ficam me dizendo: "queixo para cima", mas meu queixo está caindo... E é difícil levantá-lo... Dificuldades, dificuldades... As dificuldades andam de mãos dadas com a tristeza... Ah, agora percebo o quanto tenho pensado sobre a vida.
    [...] Sempre que digo a palavra "vida" sinto que estou diante de um poder de uma imensidão. Mas de que valem as palavras humanas? Elas expressam tão pouco. Acabei de escrever uma página inteira e nem assim consegui descrever meus sentimentos. Não é fácil, e quando alguém consegue é lindo. Ah

as dificuldades e a beleza... Elas podem andar juntas? Talvez sim. Sinto que estou perdida em tolices. Não tenho tempo. Estusia está me dizendo para fazer alguma coisa. Ela poderia muito bem deixar isso pra lá. Estou perdendo a concentração... Ah, não posso parar de escrever. Sinto que tenho tanto a escrever. Dorka Zand está doente do pulmão...[21] A mãe dela está melhorando...

SEGUNDA-FEIRA - 20 DE DEZEMBRO DE 1943

Hoje comemoramos o aniversario de 26 anos de casamento da sra. Kaufman. Nossa turma comprou uma marmita do tipo FF[22] para ela. Não tivemos aula, ficamos cantando. A srta. Sabcia é muito animada... Foi tudo muito divertido, mas eu senti que a atmosfera era artificial. Minia me disse que em situações alegres como essa ela fica com o coração pesado. Percebi uma lágrima caindo de seus olhos. Não tenho tempo para escrever... Talvez mais tarde.

QUARTA-FEIRA - 22 DE DEZEMBRO DE 1943

Levei um pouco de tinta para a escola porque tenho tanto para escrever... Ontem conversei com a srta. Zelicka. Ela me disse que Surcia falou muito sobre mim e que ela — a srta. Zelicka — não era só uma assistente social ou uma tutora da Proteção à Juventude, mas também membro do grupo de Surcia, então nosso relacionamento não era só formal. Além disso, ela me disse que conversou com Estusia (ela pediu que eu fosse totalmente sincera. Bom, como posso ser sincera?... Afinal, poderia reclamar?). É claro que eu não fazia ideia do que elas tinham conversado. Ela me disse que eu devia aprender com o vigor de Estusia porque poderia ser útil para mim. Porque uma pessoa que é forte de espírito mas não tem vigor é preguiçosa. E uma

---

21. A tuberculose, chamada coloquialmente de "Koch" (Robert Koch foi quem descobriu o bacilo causador da doença), era uma grande causa de morte em Lodz. A taxa de mortalidade por tuberculose aumentou de 8,9% em 1940 para 39% durante o período final de existência do gueto. Cerca de 7269 pessoas perderam a vida por causa da tuberculose no gueto de Lodz.
22. Referência a um dos vários tipos de marmita usados pelos exércitos polonês, alemão e americano. Consistia em um recipiente de metal para guardar sopa ou outros alimentos, e podia ser pendurado em um cinto.

pessoa que tem energia e é engenhosa é superior a uma preguiçosa. Eu devia aprender com Estusia sobre essa energia, essa engenhosidade dela. [...]

Claro, entendo o que ela estava dizendo, entendo bem. Mas não consegui entender uma coisa: o motivo pelo qual ela me chamou. Era um mistério para mim. No final, a srta. Zelicka disse que eu era uma exceção em nosso grupo e que eu podia sempre ir vê-la. Ela sempre teria tempo para mim. Disse para eu pensar sobre isso...

Claro, pensei sobre isso. Mas fiquei mais curiosa para saber por que ela tinha me chamado... [...] Cipka sabia que eu tinha ido ver a srta. Zelicka, então, mesmo relutando, perguntei se ela sabia qual tinha sido o assunto da conversa entre a srta. Zelicka e Estusia. Graças a Cipka, descobri. Estusia disse que eu era teimosa, que antes de eu vir morar com elas eu não era obediente e que no início eu era histérica. Em outras palavras, ela me descreveu de forma incrivelmente negativa. Naquele momento entendi. Não sei o que fazer. Primeiro, tenho que conversar com Surcia. Estou fervendo por dentro... Sinto que meus olhos estão cobertos. Não consigo ver, mas preciso. Não consigo achar um lugar neste mundo. Não compartilho nada com ninguém, só com meu diário e com Surcia, minha querida Surcia. Não sei de nada, ah, não sei de nada, estou perdida... O que vai acontecer? O que devo fazer? A quem devo perguntar, quem vai me ajudar? Ah, são tantas as perguntas e nenhuma resposta. [...]

QUINTA-FEIRA – 23 DE DEZEMBRO DE 1943

Fui chamada para o clube de leitura... Hoje às sete vou ao alfaiate. Vou colocar pele nas golas e nas lapelas, e terei um chapéu de inverno. [...]

À noite tive uma discussão com Minia. Mas, na verdade, não lembro sobre o que foi (algo relacionado a uma cadeira). Só sei que fiquei muito chateada e quando fui dormir tive vontade de chorar. Felizmente pude chorar, mas muito pouco. Sinceramente, minha vontade era morrer. Tentei recuperar um pouco do equilíbrio, mas estou cansada da vida. Pensei: sei que agora que quero morrer não vou morrer. Só vou morrer quando quiser viver, quando tiver um propósito na vida. Quem precisa desta vida? Não é melhor morrer quando não existe um propósito, e não quando se quer viver? Essas questões ficaram sem resposta. De repente, senti necessidade de conversar com Surcia, de dizer a ela que não sei nada, não posso fazer nada, não entendo nada... Agora já não sinto que sei muito pouco. Sinto que não sei nada. Tento acompanhar minhas amigas, mas, bem, elas são tão diferentes... Preciso de uma escola, preciso estudar... Fico me repetindo... Sinto que estou atada, não consigo me mover. O que vai acontecer? [...]

Ah, estou longe de me sentir feliz... Mas por que estou escrevendo tudo isso? Consigo ficar sem escrever? Ah, estou cheia... Ontem à noite pensei: feliz é quem não tem conhecimento, conhecimento nenhum, como uma criança. Infeliz é quem tem conhecimento de sua falta de conhecimento... Pertenço à última categoria. Sou infeliz. O que é pior: não consigo encontrar nenhuma solução. Não sei o que fazer... é a mesma coisa toda vez... Só tenho uma resposta para tudo: Surcia. Ah, Surcia...

SEXTA-FEIRA – 24 DE DEZEMBRO DE 1943

Ah, escrever!... Ser capaz de escrever, fazer a caneta se mover pelo papel! Preciso escrever. [...] Neste momento, estou pensando sobre as emoções da paixão. E estou pensando sobre Surcia. Sinto que a amo cada vez mais. Ah, sinto afeto verdadeiro por ela. Ah, o poder do amor! Ah, seu poder verdadeiro. [...] Quero escrever mais, e talvez consiga me expressar. Sinto afeto, sim, por Surcia. Talvez não por ela, mas por sua alma, o que significa por ela, no final das contas. Ah, Surcia. O som do seu nome me traz prazer. (É bom que sejamos do mesmo sexo.) Do contrário, o que isto pareceria? Sou completamente sincera com meu diário. Mas não devo desviar do assunto! Ela é a única que pode ler meu diário sem me deixar envergonhada.

Ah, amo tão poucas pessoas... Por isso, quando amo alguém, meu afeto é mais forte que em outros casos. Ela e meus irmãos... Ah, eu queria poder ter todos eles comigo!!! Cada carta, cada palavra que ela diz é quase sagrada. Sinto que o laço é ainda mais forte com ela. [...]

(Foi uma boa ideia trazer meu diário, uma caneta e tinta para a escola. Do contrário, nada teria sido escrito.) Ah, as palavras são tão vazias, expressam tão pouco. Na minha opinião, com palavras só se pode discutir coisas normais, banais. Entre pessoas que se amam as palavras profanam tudo. Essas pessoas podem se comunicar sem palavras. Suas almas e seus olhos podem falar, suas emoções falam, elas podem sentir... Mas por que estou escrevendo tudo isso? De novo, uma pergunta sem resposta... Às vezes me pergunto o que aconteceria se eu não tivesse conhecido Surcia... Não sei. Não consigo imaginar. Sei reconhecer minha sorte. Emoções... Não consigo me expressar com palavras, é muito mais fácil me expressar com emoções... Mas chega. Hoje vou me encontrar com Surcia, que não haja obstáculos!!!

DOMINGO - 27 DE DEZEMBRO DE 1943

[...] Os que tinham *bajrat* agora só conseguem para uma pessoa. Eu queria pegar ontem, mas fomos retiradas da lista. Talvez Estusia consiga... Quanto a minhas primas, prefiro ignorá-las, porque isso tudo pode virar *lashon hara*,[23] mas vou escrever só uma coisa: se conseguirmos ração para cinco pessoas, tudo bem, mas se conseguirmos só para três ou para uma, tenho que ser forte o suficiente para recusar, mesmo que elas me ofereçam alguma coisa. Não tenho nada contra elas, mas não quero nada que venha delas, só isso.

Ontem Chanusia pegou a ração que foi dada pelo presidente:[24] carne e linguiça. Ela colocou uma fatia de linguiça no pão da Cipka e logo em seguida teve que sair. Antes que Cipka comesse, Estusia apareceu, e quando viu Cipka comendo perguntou:

— É a linguiça velha?
— Não, hoje Chanusia pegou uma fresca.
— Ela deu para você?

Ela perguntou de forma natural, mas eu ouvi bem. Prometi a mim mesma que nunca, nunca pegarei nada delas. Vou ser orgulhosa. Quando elas (fora Chanusia) me oferecem alguma coisa, fazem como se fosse só uma obrigação, como se tivessem que fazê-lo. Não, obrigada... Mas chega disso. Eu nem queria escrever sobre isso.

Sexta-feira vi Surcia. Ela me disse que a srta. Zelicka ficou surpresa (de maneira positiva) por eu ter julgado (não consigo encontrar uma palavra melhor) minha situação como uma adulta... Por algum motivo estou com dificuldade para escrever. [...]

---

23. Literalmente, "língua do mal" em hebraico/ iídiche. Significa "fofoca" ou "falar a verdade com más intenções", algo proibido pelas normas judaicas.
24. O líder judeu do gueto era Mordechai Chaim Rumkowski, conhecido pelo título polonês *prezes* (presidente) ou pelo título alemão *Judenältester* (Ancião dos Judeus).

QUINTA-FEIRA - 30 DE DEZEMBRO DE 1943

Tenho tanto para escrever. Estou animada. Mas tenho que começar do início. A noite foi um sucesso. A plateia riu assistindo a comédia. Dorka e Ruta Maroko faziam seus papéis e também davam risada. Tivemos que esperar muito tempo até que as pessoas mais importantes chegassem. Quando Bala Dzialowska apareceu, ela sugeriu que duas meninas fossem até a srta. Zelicka para descobrir o que estava acontecendo. Dorka Borensztajn e eu fomos as escolhidas. Ah, que caminhada fizemos! Não vou escrever muito sobre isso, mas comparei aquele momento com a vida. Foi tudo bem. Caímos só uma vez. A quadra entre a rua Zydowska e a rua Brzezinska era longa e escura. O caminho estava escorregadio e molhado. Caminhei mais firme que Dorka, com a cabeça erguida. Ah, se eu pudesse atravessar a vida com a cabeça erguida!!!

A srta. Zelicka pegou um resfriado e estava de cama. Ela nos disse que a sra. Milioner e outras senhoras tinham acabado de sair e que ela tinha nos enviado uma carta através delas. Disse também que seu espírito e seus pensamentos estavam conosco e que estava muito contente com nossa alegria. Quando voltamos, a peça tinha acabado de começar. Surcia estava lendo um papel. Não vou descrever tudo porque não consigo...

Quando terminou, Surcia e Chajusia entregaram moedas de Chanuká e caderninhos para as meninas.[25] Nos cadernos havia comentários sobre cada uma. Quando tudo terminou fiquei muito triste e com o coração pesado. [...] Querido Deus, será que, para me salvar dessas emoções, eu não devo me divertir nada, nadinha?... Nenhuma diversão?... Deus, é tão difícil! [...] Agora estou na escola, na sala de aula, mas não posso mais escrever porque o intervalo acabou...

SEXTA-FEIRA - 31 DE DEZEMBRO DE 1943

Hoje posso continuar escrevendo... Então, na aula... escrevi sobre o clube de leitura. Fui escolhida para o clube, mas depois as meninas ficaram

---

25. *Gelt* (literalmente, dinheiro) era o presente tradicional dado às crianças judaicas polonesas durante o Chanuká, a festa de oito dias que comemora a vitória heroica dos macabeus sobre os governantes greco--sírios, que haviam profanado o tempo em Jerusalém.

discutindo. Algumas eram contra mim. [...] Edzia me contou tudo depois. Elas me queriam no clube porque eu posso ser útil para escrever, por exemplo, artigos para o jornal da escola. Apesar de me sentir insultada, não podia mais recusar (ia parecer que Edzia estava me colocando contra elas), mas minha vontade era de me retirar... As meninas se reuniram à noite, mas quem estava presente? Poucas meninas mais velhas; crianças, na maioria. As responsáveis não estavam lá. Ah, que besteira... É só mais uma dor de cabeça, nada além disso...

Ontem Lusia disse que elas (Edzia, Hela, Jadzia e Marysia Lucka) (de novo Marysia Lucka) e mais alguém têm um clube, leem literatura e publicam um jornal na escola. Elas querem que eu me junte a elas. Literatura! Ah, eu quero ler! [...]

Levei bolo para a srta. Zelicka e fui ao alfaiate experimentar meu chapéu. No caminho de volta parei na casa de Chajusia. Ela me pediu que expressasse meus sentimentos e impressões sobre o "sarau". Por algum motivo não posso... Meu coração está pesado. [...] Ah, meu coração... Não sei se posso encontrar algum consolo na escrita. Ah, se eu pudesse escrever tanto quanto desejo! Mas não posso!

Quanto a minhas primas (ontem elas receberam uma ração B, para uma pessoa. Provavelmente haverá novas categorias "L", "S" e "N").[26] Decidi, como mencionei antes, não usar o que é exclusivamente delas. Cipka não consegue se segurar, ela é só uma criança, mas eu consigo e isso me agrada. Claro, se elas compram algo como cebola, alho, coisas assim, eu pego mesmo se elas não quiserem, porque isso é compartilhado entre mim e elas, mas a ração... a ração é outra história. Me admira como isso é fácil para mim. Estou curiosa para saber como as coisas vão ficar, porque até agora as primas não perceberam nada. Estou curiosa para ver como vão reagir...

Ah, tenho tanto para escrever e pensar, mas é difícil. Ah, a campainha está tocando...

---

26. A ração "B" era a *bajrat*, ou "cupom de comida especial". A ração "L" era para trabalhadores que faziam turnos longos (*Langarbeiter*), a "S" era para os que faziam trabalho pesado (*Schwerarbeiter*) e a "N" para os que trabalhavam à noite (*Nachtarbeiter*). Essas rações especiais foram introduzidas por Hans Biebow no final de 1943.

SEGUNDA-FEIRA - 3 DE JANEIRO DE 1944

[...] Ontem tivemos uma reunião [do outro clube de leitura] na casa de Marysia Lucka. (De agora em diante vou ter que nomear cada assembleia.) Lemos o conto de [Boleslaw] Prus "Das lendas do Antigo Egito". No geral, gostei de tudo, e o mais importante é que posso tirar proveito dessas ocasiões. Depois fizemos planos para o futuro. Uma vez por semana vamos estudar só literatura ou algo do tipo, e aos domingos também teremos uma hora de diversão (para não virarmos velhas rabugentas). Os meninos vão poder se juntar a nós. Ontem, não fiquei nada contente com isso e nem falei no grupo. Mas agora estou mais feliz porque, primeiro, eles têm suas opiniões e se eu não concordar posso me manifestar, e, segundo, estarei com Lusia, Hela e Edzia e poderei conhecê-las melhor.

Aquela assembleia me fez pensar. No fim, falamos sobre comunismo, budismo etc. Lusia disse que é sionista, Hela e Maryla Lucka também. Jadzia não tinha nenhuma opinião. E no fim Lusia disse que eu era sionista com certeza. Não respondi, mas decidi conversar com Lusia, porque ela estava errada. Fiquei pensando sem parar: Maryla Lucka, Jadzia, Lusia e eu somos todas sionistas? Não fazia nenhum sentido. Quando estávamos voltando para casa, perguntei a Lusia o que ela queria dizer afirmando que éramos sionistas. Ela começou a explicar o que o sionismo significava (o pior é que não consigo me expressar), mas de alguma forma nos entendemos. O que é nosso, as nossas ideias, é considerado sionista pela Lusia. Verdadeiramente judaicas, nossas ideias. E Maryla e Jadzia não têm nada a ver com isso. Elas só gostam da ideia, assumiram o nome, mas não há nada de profundo nisso. Fiquei aliviada. [...]

QUARTA-FEIRA - 5 DE JANEIRO DE 1944

Ontem durante a assembleia Chajusia estava registrando as meninas para os cursos. (Surcia não podia fazer isso porque caiu e está com o braço muito machucado.) Ela deveria dividir o grupo, mas estava ficando muito tarde. Estou feliz que o grupo vai ser dividido, mas me preocupa que Surcia e Chajusia sejam separadas. Todas querem Surcia; eu também, mas e Chajusia?... Chajusia me disse que ela e Surcia preferem um grupo mais velho, o que é compreensível...

Muitas meninas da nossa turma apareceram (Dorka Zand anunciou que eu queria converter (!) a turma toda). Ah, eu queria poder fazer isso! Não estou pedindo que elas venham; elas mesmas querem fazê-lo e me dão muitos motivos para isso, mas o mais importante é o "desejo" de cada uma. Elas realmente querem!... No início, eu estava registrando as meninas para os cursos, mas Prywa disse que nem todas elas são qualificadas, que elas vão aparecer uma vez e vão fazer pouco caso. Bom, vou perguntar para Surcia... Ah, é tão bom ter Surcia e poder procurá-la para pedir conselhos! Provavelmente, na sexta-feira vou levar meu diário para ela. Queria que minha escrita fosse mais clara. Acho que muitas coisas no diário vão assustá-la... De qualquer forma, não escondo nada dela; se acontecesse algo assim, falaríamos sobre isso.

(Hoje às seis as meninas do clube de leitura virão aqui. Quanto ao [outro] clube, renunciei e por algum motivo elas não fazem questão que eu vá.) [...]

Quero falar sobre mim... Ontem eu queria escrever, ou melhor, senti que tinha algo para escrever, mas mesmo que tivesse tempo, no fim não sabia o que escrever, tinha simplesmente esquecido. Estou ficando tão distraída. No passado, quando me diziam alguma coisa, eu sempre lembrava, até acordava no meio da noite pensando naquilo, e hoje? (Ah, a campainha está tocando.)

Queria escrever sobre Tamarcia. Ah, às vezes fico cheia de remorso. Não sei o que vai acontecer. Ah, é tão difícil... Na minha imaginação vejo muitas figuras... muitas... mesmo que uma delas seja agradável e eu encontre algum conforto nela, não consigo encontrar meu lugar... Estou tão exausta (algumas pessoas me disseram que eu parecia pior). Não importa, talvez seja porque não temos mais *bajrat*. Não faço ideia... Me sinto tão estranha... Não consigo me expressar... Não consigo encontrar meu lugar.

QUINTA-FEIRA – 6 DE JANEIRO DE 1944

Estusia não está bem. Está com febre alta. Era tudo o que eu precisava. E eu... Não sei o que vai acontecer comigo. Não sei o que fazer... Estou desesperada...

Ontem cheguei à conclusão de que gosto de ficar sozinha em casa. [...] Percebi que quando estou sozinha vou para um mundo diferente, vivo minha vida interior. Quando outras pessoas estão em casa, como minhas primas ou os vizinhos, me sinto pouco à vontade (perdida). Quando estou sozinha e minhas amigas vêm me visitar, fico relaxada e, embora não "fique em êxtase nessa minha outra vida", posso compartilhar um ou outro pensamento com elas (é muito raro acontecer isso e minhas amigas não vêm com frequência). Foi por isso que ontem não consegui me deixar levar por meus pensamentos (tive que cuidar da sopa de aveia), meus pensamentos me escapavam e eu mal conseguia manter o equilíbrio.

SEXTA-FEIRA - 7 DE JANEIRO DE 1944

Sexta... Ah, como gosto das noites de sexta! Marquei um encontro com Surcia! Lusia quer visitá-la também. Tudo bem (vamos conversar sobre sionismo). Mania vem me visitar logo depois de acender as velas [do Shabat], ela precisa conversar comigo... Quando eu voltar da casa de Surcia, Fela vem para cá, então minha noite de sexta está bem agitada (de agora em diante todas as minhas noites vão ser agitadas).

Eu estava na casa de Fela ontem. Fiquei muito arrependida de não tê-la visitado quando estava doente (ontem ela já estava vestida). Ela ia vir me visitar, mas seu orgulho ferido a impediu... Ainda bem que ela não veio, porque eu ficaria ainda mais arrependida. O pai dela estava com raiva de mim porque não apareci todo aquele tempo. Eu queria muito ter ido, mas todos os dias eu tinha tanta coisa para fazer... Estusia está gripada. Há gripe no gueto (uma epidemia).[27]

Ah, sério, falo tanto da vida "exterior" que não vou ter tempo de escrever sobre minha vida "interior"...

Uma mulher da rua Zydowska acabou de vir aqui, a que faz os pagamentos. Não recebo meu pagamento há três meses e não tenho tempo para cuidar disso, mas chega dessa história...[28] Alguns dias atrás, percebi que estava pensando muito nos problemas, mas só em momentos em que não podia

---

27. No dia 10 de janeiro de 1944, os autores do *Chronicle* do gueto de Lodz escreveram sobre a epidemia severa de gripe, relatando que 50% dos funcionários das fábricas e dos departamentos ficaram doentes. Quase todos os afetados chegaram aos quarenta graus de febre e ficaram doentes de sete a dez dias. As farmácias do gueto e seus médicos não conseguiram acompanhar a demanda por cuidados, deixando a maioria dos doentes à própria sorte.
28. Referência provável a um pequeno benefício a que Rywka tinha direito por ser órfã. Aparentemente, recebia três vezes ao mês, a cada dez dias, embora não se tratasse de muito dinheiro. Em geral, no gueto, o dinheiro tinha pouco valor porque a falta de comida subia os preços do mercado negro. Poucos podiam pagar por algo além de suas rações.

escrever (acontece geralmente quando estou descascando batatas). Toda vez que penso nisso, repito um verso que fiz (e nem tinha escrito):
Ah, escrever, enquanto eu respirar,
Sobre tudo, meu diário!
Emoções de novo... As mesmas de sempre... Acho que meu diário poderia se chamar "Surcia", porque foi ela quem me inspirou a escrever e... a quase todo o resto... Mas estou perdendo a linha de pensamento...
[...] (Quanto ao clube de leitura da escola, não fui a nenhuma das reuniões. Quando estavam preparando a lista de membros, Guta me perguntou se eu estava planejando participar. Respondi que não tinha tempo, o que era verdade. Não há dias suficientes na semana para mim.)

SEXTA-FEIRA - 14 DE JANEIRO DE 1944

Faz um tempo que não escrevo... Surcia está lendo meu diário... Ela me mandou uma carta que vou reler muitas vezes e encontrar coisas novas nela a cada leitura. Não escrevi nada durante uma semana, então não é surpresa que eu tenha o que escrever.

No domingo meu dente foi extraído. Terrível, as raízes desse dente estavam embaixo de outro dente. Não quero descrever como foi, vou só dizer que hoje (sexta) meu rosto ainda está inchado... A gripe domina o gueto, está em qualquer lugar que se vá, a gripe está em toda parte... nas oficinas e nos escritórios não há ninguém. Há muitas licenças por motivo de doença. (O sr. Zemel brincou que ia levar as licenças até as máquinas para que elas continuassem a produção.) A sra. Markus também está doente, não sei exatamente qual é o problema dela (Icykzon virá hoje), mas ela está com muita febre. É por isso que Minia não vai trabalhar hoje. Chajusia está gripada, a mãe de Surcia também... Vou ficar sem páginas se escrever o nome de todos que estão doentes... Isso prejudica as assembleias... Todas elas.

Na semana passada não ganhei sopa, embora meu cartão tenha sido carimbado (outras meninas também não ganharam). Fomos até a rua Zydowska todos os dias. Eles ficaram adiando, e quarta-feira anunciaram que aquilo não era responsabilidade deles. Sala Skórecka e eu fomos até o Departamento de Comércio e Controle para ver Perl (antes eu trabalhava para ele no Escritório Central de Contabilidade,[29] mas aí ele foi para o Departamento de Comércio e Controle).[30] Ele disse que a inspeção estava chegando... Quando estava indo até lá, parei no Escritório de Contabilidade. Só Rachelka Bejmówna estava na sala da secretária... A gripe... Maryla Lucka e seu pai também estão doentes. Na família da sra. Lebenstein todos estão doentes, menos ela; Samuelson está doente; Jankielewicz substituiu Berg porque Berg está doente. Rundberg, meio doente, veio à tarde...

Em nosso clube de leitura publicamos um jornalzinho... Maravilhoso, maravilhoso mesmo... Escrevi dois poemas. Aqui está um deles:

Memórias...
Lembro de meu irmão...
Lembro de meu pai...
E de uma figura feminina.
Era minha mãe...

Lembro da minha escola,
Meus amigos,
Meus professores,
E minhas aulas...

Me lembro dessa pergunta com nostalgia
Continua sem resposta
E não oferece nada
Além de um grande sofrimento...
Esse sofrimento
Acompanhado da saudade
E parte meu coração
E golpeia meu coração

Lembro dele e suspiro
Algo pesa em meu coração
Meus olhos marejam
Quase choro...

Me faço uma pergunta: Por quê?
Não existe no mundo
Um lugar quente?

E meu coração dói,
Ah, chega, chega, chega
Desta miséria terrível!
Algo dentro de mim ferve
Nunca saberei o que é paz!
Pergunto de novo: não foram suficientes
Sofrimentos e dificuldades?

---

29. O Escritório Central de Contabilidade (Tesouro Central) supervisionava a circulação de dinheiro, fornecia moeda para todas as instituições e aceitava todas as formas de pagamento que corriam entre as instituições do gueto.

30. O Departamento de Comércio e Controle (*Fach und Kontrollamt*), ou FUKR, era encarregado de erradicar crimes e abusos econômicos no gueto. Seu pessoal exercia controle sobre as atividades dos departamentos e da administração judaica do gueto, e podia demitir oficiais sumariamente e realizar buscas em casas e escritórios.

Terrível saudade *Choro e choro!*
Saudade letal *(Minha voz não pode ser ouvida)*
Por minha irmã, meu irmão. *O que vai acontecer? O que vai acontecer*
Por minha mãe e meu pai. *O que vai acontecer? Desgraça!*

Agora
Não tenho resposta
Além desta:
"Nós judeus! Nós judeus!"

[...] Há muito tempo percebi — e Surcia me atentou para isso em sua carta — que gostava do sofrimento... Mas é difícil e tenho medo de desmoronar... Tenho medo... Lembro muito bem que quando alguma coisa (séria) acontecia, todos enlouqueciam, mas no fundo, no fundo da minha alma sempre havia um outro sentimento.

Meu coração estava crescendo... Mas não posso me comparar a Rabi Akiva.[31] [Ele] era um erudito. Sabia como se comportar, o que fazer... E... [...] eu sei tão pouco que me torno impotente, não sei o que fazer, só vejo pontos escuros de ignorância...

SÁBADO - 15 DE JANEIRO DE 1944

É horrível... Sinto que estou perdendo o equilíbrio... Os dois irmãos e a mãe de Surcia estão doentes... Chajusia está doente... Ontem fui visitar Surcia. Ela me mostrou alguns de seus poemas. Ah, senti que estava lendo algo meu... Quanta semelhança!... Hoje nem Chajusia nem Surcia foram à assembleia. Mais cedo Chajusia nos deu um artigo de uma revista para ler: "Tsulib a kleyn bashefernish" ["Por conta de uma pequena criatura"].

No caminho de volta Ewa e eu paramos na casa de Chajusia para devolver a revista. Conversamos sobre o *szpera*.[32] Ewa desabafou o tanto que precisava

---

31. Rabi Akiva foi uma figura muito importante no desenvolvimento do judaísmo rabínico. É citado com frequência na Mishná e no Talmude. Foi martirizado pelos romanos em cerca de 135 d.C.
32. O *szpera* (literalmente, "toque de recolher") se refere aos eventos trágicos de 5 de setembro de 1942, quando as autoridades alemãs realizaram uma série de rondas para expurgar o gueto de Lodz de doentes, idosos e crianças com menos de dez anos de idade. Mais de 15 mil pessoas foram removidas à força e transportadas para o centro de extermínio de Chelmno, onde foram assassinadas.

e pareceu tirar um peso do peito. Eu me mantive em silêncio, o que iria dizer?... Chajusia nos contou como elas conseguiram se salvar na rua Czarnieckiego.[33] Elas estavam lá durante o *szpera*. Aquela conversa, aquilo tudo me chateou... Não me sinto bem... Ah, não tenho forças... Meu coração se tornou uma pedra pesada... Estou me sentindo cada vez mais sufocada, mais sufocada...

E agora uma história... Fela veio aqui hoje e me disse que Kalmo (um irmão mais novo de Dorka Zand) pegou batatas emprestadas dela sem falar nada para ninguém da casa. Ele pegou de Dorka Borensztajn também. Ah, ele é um vigarista. Ah, sinto tanto pela sra. Zand e por Dorka. [...]

Não quero mesmo ir trabalhar segunda-feira... É insuportável... Não consigo achar meu lugar, mas vou me sentir melhor se não for trabalhar? Não mesmo... Ontem Surcia estava lendo alguns fragmentos dos Salmos para mim. Ah, aquilo é maravilhoso e tão atual. É possível entender, sentir [...] Ah, o sofrimento é necessário. Mas chega, as pessoas sofrem levando uma vida normal também. Tudo devia ter limites... Tenho medo de escrever uma carta para Surcia de novo, porque em vez de animá-la, eu escreveria algo diferente...

[...] Ah, estou tão exausta... Estou cheia de remorso porque Abramek e Tamarcia foram deportados. Ah, Deus! Traga-os de volta para mim, não vou suportar, meu coração vai partir... Abramek, onde você está? Tamarcia! Ah, não posso! Não posso! Preciso de força, ah... Estou com vontade de chorar... Me sinto como um amontoado de pedras, não consigo nem chorar... Ah, vão para o inferno, saqueadores e assassinos... Nunca vou perdoá-los, nunca. Mas diante "deles", estou perdida... Além disso, hoje em dia em casa o assunto são os mortos... Hoje às catorze horas uma vizinha morreu, ela desmaiou e... foi isso... Ela era uma mulher saudável... Quando isso vai terminar? Quando esse sofrimento sem fim vai terminar? Vou enlouquecer... Preciso de força... Deus! Força!

SEGUNDA-FEIRA - 17 DE JANEIRO DE 1944

Chanusia está gripada... A sra. Markusowa está se sentindo melhor. Tivemos aula de matemática na escola hoje. As melhores máquinas foram levadas para o auditório e nós vamos ficar com o terceiro grupo... Não teve assembleia

---

33. Durante as deportações, aqueles que ficaram responsáveis pelo transporte para fora do gueto foram mantidos na Prisão Central localizada na rua Czarnieckiego.

ontem na Maryla Lucka (ficamos na casa dela o tempo todo), a mãe dela está doente e... Sem entrar em detalhes, é a gripe... um problema sério.

Na terça-feira teremos uma assembleia geral e na quarta-feira, uma espécie de aula só com as mais velhas. Até pouco tempo, quando vínhamos às assembleias, era tudo tão confortável, era como se fôssemos uma só, mas agora nos sentimos estranhamente distantes...

Ontem, quando eu estava andando pela rua, fiquei sonhando acordada... Tinha uma imagem diante dos meus olhos: um cômodo com pouca luz, quente. Algumas crianças sentadas à mesa, ocupadas com alguma coisa ou escutando o que eu lia. Estava lendo sobre o gueto, contava histórias para elas e via seus olhos surpresos. Era incompreensível para elas que algo assim pudesse ter acontecido... Ah, eu queria que esse tempo chegasse. Espero tanto por isso... Estou com frio e com fome. Estou com frio não só porque é inverno, mas porque não tenho calor interior. Estou com fome não só porque tenho pouca comida e não posso encher o estômago, mas porque estou faminta e sedenta, porque sinto um vácuo enorme, e este lugar está frio e vazio (fome). Ah, me esquentar!... Ontem para pegar nossa ração tivemos que trazer nossas próprias sacolas (eu estava fazendo sacolas na Chajusia). Eles não dão mais as rações em *tytkas*.[34] Além disso, temos que carregá-las por um longo caminho...

Está frio em volta do meu coração. Quando sinto isso, lembro de uma história sobre um menino pobre e um velho. O menino diz: "Quando meus pés estão frios, posso batê-los no chão, quando minhas mãos estão frias, posso esfregá-las". Então ele vai enumerando essas coisas e, quando chega ao coração, não tem nenhum conselho sobre como esquentá-lo. O velho lhe dá um casaco para esquentar seu coração e diz: "Meu menino, cuide do seu coração, porque é o mais importante. Certifique-se de que ele nunca fique frio!". [...]

Escrevi uma carta para Surcia, mas vou aborrecê-la. Escrevi, como escreveria em meu diário, que não aguento mais, que estou perdendo as forças.

QUARTA-FEIRA – 19 DE JANEIRO DE 1944

Mais uma vez, tenho pouquíssimo tempo. As aulas na escola estão quase normais... Mas não quero escrever sobre isso... Quando Surcia chegou para a assembleia ontem, ela estava alegre. Sua mãe estava se sentindo melhor...

---

34. Pequenas pilhas.

À noite, indo deitar, peguei sem pensar a bolsa cheia de fotos... Fiquei olhando algumas delas. Ah, Deus... Quando vi a foto de Tamarcia de repente percebi que ela [agora] teria seis anos, quase sete. Nessa idade eu estava indo para a escola!... Ah, seria tão maravilhoso se todas as crianças pudessem ir à escola!... Meus olhos se encheram de lágrimas... Através do nevoeiro de minhas lágrimas, vi os olhos assustados de Tamarcia (era assim que ela parecia na foto)... Ah, tenho medo de escrever sobre isso... Ela parecia estar me chamando, como se estivesse pedindo ajuda... Eu não fiz nada... Eu estava deitada, não consegui nem chorar... Meu coração estava batendo acelerado e tentando se libertar... Não fiz nada... Ah, Tamarcia, onde você está? Quero ajudar você... Eu me viro de um lado para o outro, estou presa... Ah, quantas tragédias estão contidas nestas palavras?! Estou com medo, sinto saudade dela, estou encharcada de suor frio e quente. Uma pessoa se afogando se agarraria a qualquer coisa, mesmo que fosse a uma navalha... Quero ficar perdida em minhas palavras, pensando em alguma coisa diferente, mas esse desamparo, essa fraqueza estão vindo à tona... [...] O que virá agora? Não se pode mais viver assim!... Ah, força! Força! Meu Deus! Força. De repente me pergunto ansiosamente se eu reconheceria Tamarcia. Os anos estão passando!...

Ah, Deus! Como posso não pensar sobre isso? Como posso suportar?... Olhei nos olhos de mamãe (na foto). Ah, Deus! Como são expressivos e como Tamarcia se parece com ela! Ah, nunca direi isso a você, mamãe! Você me deixou para sempre! Me sinto horrível, estou me sentindo sufocada! Deus, me deixe tomar o lugar de minha mãe. Me deixe sofrer pelos meus irmãos! Ah, Deus, é tão difícil!... E estou sempre sozinha!...

QUINTA-FEIRA – 20 DE JANEIRO DE 1944

Percebi que estou buscando inspiração... nas memórias. Ah, acabei de me lembrar de uma coisa... Quando eu estava conversando com Surcia sobre sionismo, ela disse que o conteúdo de um livro é mais importante que o estilo (por exemplo, a Torá é o conteúdo, mas a Palestina é o estilo). Se o livro tem tanto conteúdo quanto estilo, é muito mais bonito como unidade, mas o conteúdo é a coisa mais importante. [...] É por isso que não estou mais surpresa que os sionistas coloquem a Palestina em primeiro lugar e a Torá em segundo. Outros nem ligam para a Torá. Eles não são maduros o suficiente para entendê-la... Nesse ponto são como crianças tolas e ingênuas... Coitados!...

Ah, Deus! Me sinto abençoada por ter nascido em uma família como a nossa, não em qualquer outra... Afinal de contas, tive sorte... Reconheço essa sorte.

SEXTA-FEIRA - 21 DE JANEIRO DE 1944

Sexta-feira!... Toda semana espero pacientemente pela noite de sexta e pelo sábado... Não sei, não consigo nem imaginar o que aconteceria se não tivéssemos o sábado (e as noites de sexta). (Hoje é um dia de inverno.) Me sinto tão bem. Posso pensar e sonhar (tenho tempo). Ah, sonhar, sonhar e esquecer. [...] Me deixe sonhar! O sonho é um mundo completamente diferente. Tenho alguma experiência de vida, então mesmo meus sonhos não são encantadores e mágicos para mim. Em meus sonhos, luto com a vida, com esse gigante... A única diferença aqui é que estou fazendo isso por alguém; estou fazendo com prazer e me sinto maravilhosa... [...] Talvez alguém que esteja me olhando balance a cabeça e diga: "Pobre criança, seus sonhos são mesmo impossíveis!". Mas eles são assim. Para mim, é um alívio ir para um mundo de sonhos... Sonhos, ah, que eles possam se tornar reais!...

No mesmo dia que Chanusia se recuperou da gripe, Chaja ficou doente. Mas ela está se sentindo melhor, não tem mais febre... Apesar de ser dia 21 de janeiro, ainda não tivemos nenhuma geada forte. Pelo contrário: parece o clima de março, com poças e lama. Foi por isso que a gripe se espalhou tanto. Na semana passada tivemos um pouco de geada e a gripe desapareceu, mas quando tudo fica úmido ela volta... Nunca tinha visto um inverno assim em toda a minha vida...

Vou acender as velas em algumas horas... E depois? Ah.

SEGUNDA-FEIRA - 24 DE JANEIRO DE 1944

Da carta que escrevi para Surcia:

Ah, Surcia, tenho tanto para lhe escrever que tenho medo de não escrever nada.

Mas vamos direto ao ponto! Tive uma dor de cabeça no sábado e não estava me sentindo bem. Além disso, tive um problema, porque, como você deve saber, no sábado, dia 8 de janeiro, não recebi a sopa.

Nesse dia (você ainda estava de cama) Hela Jochimowicz veio aqui e disse que havia inspeção do Departamento de Comércio e Controle na escola. Eu estava na lista de chamada e ela me disse que eu devia ir porque eles podiam verificar a lista. Em dez minutos eu estava na oficina. O inspetor me fez muitas perguntas, anotou o que eu disse e me mandou assinar. Respondi que não escrevo aos sábados [por causa do Shabat]. Todos sorriram e o inspetor quis ter certeza de que eu assinaria depois. Ele disse que voltaria segunda. Disse que esperava que a outra menina também aparecesse (Sala Skórecka não estava lá).

Quando entrei na sala, todas estavam de bom humor, me perguntaram o que tinha acontecido e se tinha corrido tudo bem. Tive que repetir a história muitas vezes. Em outras palavras, causei um furor. Fiquei até as treze horas porque poderiam precisar de mim e então teriam que me buscar de novo. As meninas todas ficaram muito contentes...

Fui para casa e contei a história toda. Quando Minia descobriu que fomos ao Departamento de Comércio e Controle (Estusia sabia desde o início), ela disse que por causa da minha sopa alguém poderia ser enviado para a rua Czarnieckiego, que eu não devia ter recorrido a eles. A outra menina podia ir; eu não (mesmo que eu não tivesse ido, o pai de Sala teria cuidado de tudo, ele estava planejando ir até lá). Fiquei muito chateada, me senti estranha, o que eu poderia fazer?... Muito ruim, depois de tudo que passei, no fim Sala teria ido... Passei o dia inteiro pensando nisso. Tive dor de cabeça e não estava me sentindo bem... À noite não fomos direto para casa (eu queria ter lhe contado tudo isso, mas você saiu com Chajusia e Rózka). [...]

Ewa e eu (e Sala e Cipka atrás de nós) estávamos andando na rua Zgierska. Me lembrei da rua Piotrkowska.[35] *(Ewa me disse que precisava muito de você. Respondi que você não estava distante de mim, que ela podia fazer o que eu tinha feito)... Eu não podia ir para casa. Estava me sentindo péssima. Senti vontade de dormir, estava exausta, mas aquilo não era nada... Se fosse para casa, precisaria de calor, mas em vez disso, tudo ao meu redor me congelaria... Mas tanto faz, se eu*

---

35. A rua principal, que cortava Lodz de norte a sul, da qual os judeus foram excluídos após os alemães ocuparem a cidade em 1939.

tivesse ido para casa Estusia não iria gostar. Então esperei que a sensação passasse... Agora: quanto ao diário, quero muito que você leia. Mas quero escrever um pouco mais (por alguns dias).
 Além disso, você escreveu que Estusia está satisfeita comigo. Você diz isso para me consolar? Ultimamente ela anda muito nervosa comigo e fica repetindo (uma palavra nova) "preguiçosa"... O dia todo... Eu digo a você, elas são todas umas criançonas...
 Ah, não tenho tempo, minha querida, e tenho tanto para lhe contar, mas tudo estará no diário, então você vai saber...

 Estou com muita pressa... Ontem à noite Chajusia me mandou algumas batatas por Srulek (bastante), açúcar e farinha, e uma carta de Surcia (que acabei de responder). Não tinha nada sobre isso na carta, e Prywa também não sabe. Estou surpresa. Ontem tomei banho, mas tive que esperar muito tempo. Ah, sim, hoje é dia 24 de janeiro, mas o clima está como o de abril... Incrível. Estou um pouco nervosa. Depois do trabalho tenho que ir à rua Zydowska. Ah... percebi que tento buscar consolo em minhas memórias e em minha dor...
 Às vezes desejo dormir e esquecer tudo durante o sono, ou desejo que a noite seja longa. Ah, o caos é tanto... Não consigo sonhar como no passado porque tudo já foi sonhado... Deixei isso de lado e... Estou esperando que a guerra acabe. Ah, essa espera é trágica também! E depois?... Estou tremendo... Que eu consiga! Ah, Deus! Acredito que vai me ajudar, porque quem mais poderia? Quem mais se não Você? Mas se não me ajudar, não sei... (Minha mão está doendo, escrevi tanto hoje)...

TERÇA-FEIRA - 25 DE JANEIRO DE 1944

 Ontem levei a roupa de cama para a lavanderia. No caminho de volta parei na casa de Zemlówna e fiquei feliz por ter ido. Eu costumava visitá-la sempre que precisava de algo, mas quando não precisava de nada eu nem aparecia... Prometia a mim mesma tantas vezes que "hoje vou vê-la" ou "amanhã vou visitá-la com certeza".
 Depois fui até a casa de Surcia e entreguei uma carta a ela. Agora Mija acabou de me contar o que aconteceu na escola. Todos os dias as crianças do grupo 6 juntam as batatas da sopa e as deixam no escritório. Descobriram

que a sra. Perlowa estava comendo algumas das batatas. Hala, que reúne as batatas, descobriu. (A sra. Perlowa!... Eu jamais acreditaria... Quem mais vai me decepcionar? Ah, é terrível... Hipocrisia, hipocrisia... Dói tanto!...) Hala (uma criança) espalhou que a sra. Perlowa estava comendo as batatas. Ontem houve uma reunião sobre esse assunto e decidiu-se que Hala deveria ser expulsa da escola. Haverá algumas delegações [para apelar por ela]... Talvez ela fique, afinal... [...]

Surcia me lembrou que um dia, quando passamos em casa para pegar uma carta para ela depois da assembleia (que aconteceu na casa dos Dajcz), Estusia disse que eu deveria sentir vergonha por ela ter de descascar as batatas no meu lugar. Surcia ficou horrorizada. Por que Estusia não fazia isso também? Ela era superior a mim?... Bem. Estou escrevendo sobre os fatos? Não tenho mais o que fazer?...

Além disso, o sr. Zemel mandou que eu e Sala fôssemos até a rua Zydowska depois do trabalho. Ontem Sala recebeu sua sopa lá e me disseram para ir no dia seguinte.

QUARTA-FEIRA – 26 DE JANEIRO DE 1944

Da carta que escrevi para Surcia:

Na última carta você pediu que eu escrevesse sobre o que a felicidade significa para mim. Na minha opinião, feliz é a pessoa que consegue se levantar — e no exato momento em que se levanta ela está ainda mais feliz, porque, depois de cair, se recuperou e conseguiu reconhecer sua sorte! Mas a felicidade significa muitas outras coisas, como paz interior, alívio etc. Mas a maior felicidade vem quando a pessoa tem consciência dela, quando pode apreciá-la. Por exemplo, para mim o calor seria uma grande felicidade... E até o mais difícil dos trabalhos [também] seria, se eu soubesse que trabalhava para alguém próximo de mim. Isso seria minha felicidade e meu consolo. Percebi isso quando mamãe ficou doente. Na época eu era tão mais nova e fazia tudo sozinha, e mesmo assim era tão bom!... Eu sabia que mamãe ficava feliz e isso me dava mais força. Ninguém sabia disso. Ainda é algo muito pessoal.

É verdade que tive alguns momentos terríveis, mas eu sabia que

não podia contar com mais ninguém. Afinal, eu também tinha Abramek... Ah, Surcia, estou lhe dizendo, ele era tão especial... Você não pode nem imaginar... Juntos nós conseguíamos nos reerguer... E agora? Não é de se admirar que seja tão difícil para mim... E vou lhe dizer mais uma coisa. Você escreveu antes que Estusia estava satisfeita comigo e que isso deveria ser um conforto para mim. Tento fazer as coisas direito, mas poderia não ser assim. Agora que você me disse que ela não estava falando sério, senti (antes só tinha cogitado) que você me entende e... Você está sempre ao meu lado, você sempre me ajuda!
Bem, tchau, minha querida!
Sua Rywcia!

As cartas que escrevo para Surcia poderiam ser meu diário. Ontem dei uma olhada nas fotos de novo... Mas só as de Abramek e de papai... Papai! Ele apareceu na minha frente como se estivesse vivo. Ouvi um sussurro... Seu pai está morto... Seu pai está morto... Não, é impossível... Ele está vivo... Ele está vivo. Outro sussurro... Já é o terceiro ano que passa... Não, é impossível. Papai! Eu vejo seus olhos, seus olhos sábios e expressivos e de repente me lembro de seu aperto de mão. Ainda o sinto. Foi quando eles nos deixaram entrar no hospital durante o Yom Kippur (na rua Lagiewnicka) e papai apertou minha mão enquanto se despedia. Ah, o quanto esse aperto de mão significou para mim, quanto amor de pai havia nele. Ah, Deus, nunca vou esquecer! Meu pai, vivo, meu amado pai, a mais querida de todas as criaturas queridas do mundo. Agora não posso sonhar com você... seria apenas uma ilusão. Ah, tragédia! A tragédia da minha existência! Você se esconde em cada uma de minhas palavras... Em cada suspiro... Para todos os lugares, você me segue passo por passo, para todos os lugares...

Não devo ter nenhuma ilusão quanto a meus pais... Eles não existem mais, ah, essas palavras me machucam e me apunhalam tanto! Como espinhos de ouriço. Diante dos olhos, vejo imagens da morte de meus pais. Eu não estava com meu pai quando ele estava morrendo... Quando me chamaram, ele já tinha partido. Meu Deus! Eu queria me jogar sobre ele, ir com ele, esquecer de tudo. Essa foi minha primeira reação, mas depois não pude. Eu tinha minha mãe, meu irmão e minhas irmãs. Eu tinha que viver... Eu tinha... por eles! Mas naquele momento, pela primeira vez na vida mostrei minhas emoções... Chorei e enquanto chorava lancei para fora minha dor terrível sem perceber.

Até aquele momento eu mantinha meus sentimentos só para mim... Ninguém sabia nada sobre mim, nem eu sabia muito sobre mim mesma...
Só então... percebi que minha mãe me entendia. Mamãe... Realmente senti isso. Naquele momento ficamos mais próximas e passamos a viver não como mãe e filha, mas como melhores amigas... A diferença de idade não tinha importância (eu tinha doze anos). Ah, Deus! Então minha mãe morreu e o que ela não me contou ficou em segredo para sempre. Após sua morte me aproximei de meus irmãos (Abramek me escolheu como mãe. "Você é nossa mãe", ele dizia). Eu queria ocupar esse espaço, mas... não era para ser. Fui deixada sozinha com Cipka...
Em meu sofrimento, a tragédia toca uma melodia. Chega, chega de tragédia... Não consigo me livrar do sofrimento. Sofrimento é a vida. Se você quer viver, tem que sofrer. Em outras palavras: a vida é um prêmio para nosso sofrimento. Não posso fazer nada quanto ao sofrimento... Mas quero mudar essa melodia... Porque não a aguento mais!... Já passei por tanta coisa!...

QUINTA-FEIRA – 27 DE JANEIRO DE 1944

Ontem tivemos a primeira aula na casa de Bala Dzialowska. Vi potencial. As aulas vão acontecer três vezes por semana, domingo às dezesseis horas e quarta e sábado às dezenove horas...
Estou com dor de cabeça. Isso é raro, mas ultimamente tem acontecido com mais frequência... Ontem fui à rua Zydowska porque o sr. Opatowski me disse para pegar um pouco de sopa. Quando apareci, ele me disse para voltar dentro de alguns dias... Tenho medo de que isso não dê em nada...

SEGUNDA-FEIRA – 31 DE JANEIRO DE 1944

Estou começando uma carta para Surcia. Surcia me deixou ler a correspondência entre ela e sua amiga Miriam. Fiquei tão inspirada que agora estou escrevendo uma carta longa para ela como se fosse meu diário.

Minha querida Surcia!!!
Ah, tenho tanto para escrever para você que nem sei por onde começar. Mas vou tentar de alguma maneira. Certo, vou ler estas cartas [entre Surcia e Miriam]. Quando vocês escreveram sobre quando eram

alegres, fiquei preocupada com você. Aquele era um tempo de muita ansiedade... E eu tentei lembrar se era tão alegre também. Besteira... Eu só tinha onze anos... (em 1940). Além disso, compreendi muito do que está nessas cartas, eu as senti. Agora sei o quanto Miriam significava para você e sinto sua dor; sei quem foi que você perdeu (talvez eu não devesse escrever sobre isso, mas tenho que fazê-lo). Surcia, acredite em mim, eu consigo sentir, porque passei pela mesma coisa...

E... sugiro timidamente que confie um pouco em mim. Vejo o quanto você precisa disso...

Ah, Surcia, desejo-lhe o melhor. Amo tanto você, Surcia, deixe-me substituir Miriam um pouco. Ah, Surcia, estou com vontade de chorar... Terminei de ler essas cartas. Estou pensando nas últimas. Ah, Surcia, como consigo sentir. Surcia, não tenho palavras, porque o que elas significam? Surcia, por favor, me entenda. Surcia, agora que escrevo que amo você, vai parecer que estou tentando me igualar a Miriam, que gosto de você e por isso quero ter você, mas tenha isto em mente: eu amo você profundamente...

Minha querida! Às vezes, quando leio minhas cartas antigas e lembro que queria que você fosse minha amiga, sou tomada por um sentimento estranho, mas na época... na época não nos conhecíamos tão bem e quanto isso importa agora? Estou feliz por ter lido essas cartas porque quero que você saiba sobre mim tanto quanto quero saber sobre você...

Surcia, um pai! Eu entendo mesmo, mais do que isso, eu sinto... Ah, quando estava lendo as cartas senti (estou com vergonha de escrever isso agora) vontade de abraçar você e chorar...

Ah, Surcia, há algo que me leva a você... Suas cartas (e as minhas para você) são meu diário de verdade. Ah, Surcia, minha mão dói. Eu estava escrevendo muito rápido, queria lhe contar tudo. Sei que isso não é nada, nada comparado ao que sinto e ao que quero lhe contar. Ah, Surcia, não posso escrever mais nenhuma palavra... Mas o que essas palavras significam?

Ah, Surcia, vou ter que escrever mais uma carta. Ou melhor: vou ler meu diário para você, tudo bem, minha querida? (É sobre a noite de sexta.)

Tenho que me despedir (no papel), Surcia. Minha querida, penso

em você o tempo todo, há algo que me leva até você. É... Bom, não consigo encontrar a palavra certa. Ciao, minha querida.
Sua Rywcia...

Eu não podia escrever mais na escola... E agora duvido que vou conseguir escrever. Não quero que minhas primas saibam que estou escrevendo. Elas ficariam fazendo fofoca... Mas chega...
Sexta-feira à noite Surcia e Chajusia me levaram para a assembleia das meninas mais velhas. Surcia disse que sentia muito por eu não ter ido na semana anterior; foi tão maravilhoso [...] [A]pós a assembleia, quando estávamos cantando, Rózka cantou "Shalom aleichem". É o que cantamos na sexta antes do Kiddush.[36] (Não fica bem em polonês.) Ah, "Shalom aleichem"... Tantas memórias... Vejo imagens se movendo diante dos meus olhos... Papai voltando da sinagoga, mamãe preparando a mesa, todos de bom humor e... o "Shalom aleichem". [...] Como me alegrava. Fazia muito tempo que não ouvia. Quando ouvi, fiquei perdida em pensamentos. Em minha alma e em meus pensamentos... Regressei àqueles tempos, os tempos que nunca voltarão... Ah, Deus! Nunca, nunca mais vou ouvir meu pai cantar "Shalom aleichem". Gostaria de ouvir pelo menos Abramek!!! [...] Ah, se pudesse haver paz... Se todos os judeus tivessem paz... Deus, me deixe, me deixe!!! Estou cheia de anseios... E não sei... Estou lendo essas cartas entre Surcia e Miriam e isso tudo me toca tanto... Mas tenho que terminar agora. São quase 17h30. Elas vão voltar do trabalho logo...

TERÇA-FEIRA – 1º DE FEVEREIRO DE 1944

É 1º de fevereiro!...
Quando li essas cartas entre Surcia e Miriam, lembrei do início da guerra. Ah, como eu era naquele tempo? E fiquei surpresa de elas escreverem essas cartas. Vi que não era um tempo só de ansiedade e medo, mas tudo aconteceu tão rápido. Eu estava com medo, também, mas já passou... Hoje é o 12º

---

36. "Shalom aleichem" é um hino hebraico que tradicionalmente abre a refeição da noite de sexta-feira, com o cumprimento ao anjo da guarda que acompanha todo judeu no Shabat. "Kiddush", em hebraico, significa a santificação e a bênção ritualística, geralmente sobre o vinho, marcando o Shabat e outras festas.

aniversário da morte do vovô Lipszyc. Alguns dias atrás Abramek faria doze anos. Abramek... Hoje eu estava sonhando com ele. Estava na cama fazia quase uma hora. Imaginei que eles tinham trazido de volta um grupo de pessoas deportadas durante o *szpera*. Senti que estava cheia de energia para fazer alguma coisa. Corri para lá rápido e... Abramek estava entre eles. Ah, agora descrevendo, me parece tão bobo... Tão inútil. Não vou escrever sobre isso. Foi só um sonho mesmo. Ah, se esse sonho pudesse se tornar real! Deus, me ajude... Mas estou escrevendo com um estilo uniforme, isso não é bom...

Estou cheia de anseios...

Passa das treze horas, mas nós (a escola) ainda não recebemos sopa. Hoje pegamos novos cartões e todos estão animados. Felizmente recebi a sopa através de Cipka. Não temos aulas, também. Que dia estranho. Até agora fiquei lendo na casa de Bala o que foi passado no curso. Li tanto que fiquei com dor de cabeça... Espero ir bem...

Ah, estou com um apetite enorme...

Estou triste...

Ah, lágrimas umedecem meus olhos...

Espero me sentir melhor...

Poder chorar à noite

E... poder dizer: em frente!

Ah, isso está tão distante de mim.

Quanto falta para acabar?

Bom, em relação ao que está adormecido no fundo da minha alma

Quero pular e... Correr para o único Deus!

Ah, Deus, me ajude a levantar

Não consigo sozinha!...

Não permita que eu vacile diante das dificuldades

E me coloque em pé novamente!...

Meu Deus! Tenho tantos anseios... Deus!

E não sei o que fazer

Estou sendo sufocada humildemente perante Sua majestade

Quero ser pura!... Diminuir minhas falhas!...

Deus! Estou cheia de anseios! Querido Deus!

Anseio por... algo melhor...

E as feridas em meu coração ainda doem

Alguma coisa soluça... E corre para Você, o Único!
Meu Deus!
Querido Deus, acredito que me ajudará!...

QUARTA-FEIRA - 2 DE FEVEREIRO DE 1944

Ah! A amizade e o amor são grandes vantagens na vida... São um presente autêntico de Deus e são a felicidade... Feliz é aquele que vive com amigos e amor... É encorajador e reconfortante... Sinto tanto amor por Surcia!... Na verdade, essa é a única fonte de calor dentro dessa atmosfera tão fria e gelada. Agradeço tanto a Deus por isso! Quando olho para trás, penso que por pouco nem nos conhecemos. Isso não é providência divina? Ah, Deus é tão onipotente e gentil. É bom que eu acredite em Deus!
Sinto tanto amor por Deus! Posso confiar em Deus sempre e em qualquer lugar, mas tenho que ajudar um pouco, pois nada acontece só por acontecer! Mas sei que Deus vai cuidar de mim! Ah, que bom que sou judia, que fui ensinada a amar a Deus... Sou grata por tudo isso! Obrigada, Deus!

QUINTA-FEIRA - 3 DE FEVEREIRO DE 1944

Ontem durante a aula Bala pediu que escrevêssemos como imaginamos nossa chegada à Palestina, ou melhor, a *Eretz Israel*.[37] Posso adivinhar por que ela fez isso: há muitas meninas diferentes na turma e ela queria saber o que cada uma pensa, se são sionistas. Ah, *Eretz Israel*, palavras tão cheias de significado, quanto anseio tenho por essa terra!... [...] Na verdade, esse anseio, essa atração, diminuiu desde o *szpera*, mas o anseio por ver Abramek e Tamarcia aumentou... Penso neles em primeiro lugar.
[...] Hoje vamos até a casa de Zemlówna. Gosto de lembrar do passado. Fico feliz. Ah, feliz num sentido particular... Busco algum alívio. Alívio! Só seis letras e significam tanto! Preciso disso! Percebi que todos os dias escrevo quase as mesmas coisas, não faz nenhum sentido na verdade! Eu queria escrever algo importante. Ah, eu queria. Queria tanto...

---

37. A terra de Israel.

SEXTA-FEIRA – 4 DE FEVEREIRO DE 1944

Ontem Prywa e eu visitamos Zemlówna. Alguns dias atrás a mãe dela teve um problema cardíaco e anteontem ela foi para o hospital. Quando perguntei a Halinka como ela estava, ela respondeu: "Ficaria tudo bem se a mamãe pelo menos...". Quando ela disse isso, fiquei com muito medo... [...]

Faz alguns dias que algo me impele a visitar o cemitério... Parece uma força inconsciente. Eu queria tanto ir até lá! Ir até a mamãe, até o papai. Tenho tanta vontade![38] Meu Deus! O que vai acontecer quando estivermos em *Eretz Israel*? Estaremos tão longe dos meus pais... Mas acabei de ter uma ideia bem boa. Podemos escrever nossos endereços nas lápides. Talvez alguém que não tiver conseguido nos encontrar (um parente) passe por elas e note. Mas isso não vai acontecer logo. Deus! Que essa guerra termine logo!

Agora é o curso que está acabando, não a guerra. Provavelmente vamos ter uma semana para o trabalho individual... Vou fazer um avental para Cipka, ou um tipo de vestido diferente. Os dias estão passando, é sexta-feira de novo e já é fevereiro...

SEGUNDA – 7 DE FEVEREIRO DE 1944

Tenho tanto para escrever que não quero perder tempo com introduções. Não escrevo desde sexta-feira e muitas coisas aconteceram. Vou começar com a carta para Surcia:

> *Minha querida Surcia!*
>
> *Não posso esperar o dia de amanhã para escrever, não aguento mais esperar e estou escrevendo hoje. Então: decidi não perguntar nada para ninguém e sexta-feira à noite vou à assembleia. Sabe por quê, Surcia? Porque simplesmente sinto que as assembleias me trazem muitos benefícios e não vou deixar que ninguém tire isso de mim.* [...] *Surcia, não fique brava comigo, eu tenho que ir! Ah, Surcia, logo teremos menos assembleias. Surcia, isso é tão pouco. Preciso fazer mais! Preciso!*

---

38. Os pais de Rywka teriam sido enterrados no cemitério judaico localizado em Marysin, que abriu em 1892, substituindo o antigo (de 1811), localizado na rua Wesola. Todos que morreram no gueto foram enterrados no cemitério de Marysin.

E mais uma coisa. Recentemente fui à assembleia das meninas mais velhas e, pode soar estranho, mas (talvez eu não devesse escrever isso) me encaixo melhor nelas. Ah, a Torá! Embora nossas assembleias tenham muita ligação com ela, as outras são mais próximas de mim... Não sei por quê... Não pense, Surcia, que estou planejando abandonar nossas assembleias para ir a outras. Ah, não, não estou planejando fazer isso. Só estou escrevendo como as coisas são. Ah, Surcia, eu queria adquirir conhecimento de todas as fontes possíveis, o verdadeiro conhecimento. Não quero desperdiçar uma só palavra, e se houver oportunidade preciso aproveitar. Preciso!

Surcia, agora você não devia dar atenção ao que as outras meninas vão pensar e esse tipo de coisa. Se for preciso, vou sozinha, mas vou! Vou!

Surcia, não diga nada: você não deve dizer, não me machuque — me compreenda! Tenho uma sensação estranha, algo dentro de mim está partindo, quero agarrar qualquer coisa que puder. Nossa sabedoria, a Torá, é permanente e duradoura, talvez eu encontre algum consolo nela! Surcia, preciso disso! Não fique brava comigo! Talvez amanhã eu escreva mais, até lá, boa noite! Sua Rywcia que a ama!

Se eu não tivesse escrito isso, não conseguiria dormir à noite. Boa noite. [...]

Agora vamos ao que interessa! Quando, na sexta-feira, Surcia e eu fomos à assembleia (das meninas mais velhas), Surcia me disse que as outras meninas poderiam ficar com inveja porque eu estava indo e elas não. E completou: "Só desta vez". Fiquei um pouco preocupada, porque apesar de querer fazer algo que seria para o meu bem, não podia discutir com Surcia. Quando a assembleia começou, cheguei à conclusão de que eu simplesmente tinha que ir de novo. [...] Que pena... Fiquei um pouco chateada porque não queria desafiar Surcia, mas nesse caso decidi voltar mesmo assim.

Eu estava indo para casa com Rózia e conversamos sobre a assembleia. Ah, é ótimo ser judia, judia no sentido pleno da palavra! Por isso tenho que reunir todo esse conhecimento o máximo que conseguir. E não vou deixar que ninguém se meta nisso. Talvez a srta. Zelicka não fiquei contente, mas, se for necessário, converso com ela...

Sábado de manhã tive um sonho... Estava cantando no apartamento, sentada à mesa. Cipka e mamãe estavam lá. De repente, ouvimos vozes familiares vindas da rua. Mamãe foi até a janela e vi Abramek lá fora... Rapidamente, mamãe pulou da janela (o apartamento ficava no primeiro andar). Eu não consegui fazer nada. Senti meus olhos se encherem de lágrimas, andei pela sala, mas minha paciência acabou e fui até a porta. Quando cheguei à porta, pensei comigo: "Estou muito calma, não estou correndo, não estou fazendo nada, estou andando devagar, quase indiferente". De repente, a porta se abriu e Abramek entrou (no início pensei que fosse só Abramek), então depois entraram Tamara e mamãe. Me atirei sobre eles. Peguei a mão da Tamara. Percebi que ela estava um pouco mais alta, mas parecia igual, igual à última vez em que tínhamos visto ela. Abramek estava bem vestido e mais alto também... Tamara me disse que onde eles estavam eram obrigados a se comportar mal e que, se alguém se comportava bem, era punido... E então acordei...

Me arrependi por não estar [mais] dormindo, [bem] quando algo ia acontecer tive que acordar... Eu tinha sonhado com eles pela primeira vez, pela primeira vez... Não consegui voltar a dormir, estava me sentindo estranha. Talvez algum outro dia esse sonho seja um consolo para mim, mas desta vez foi demais, não consegui encontrar um lugar para ele. Senti vontade de chorar, de gritar... Ah, eu estava me sentindo sufocada e ao mesmo tempo precisava ver Surcia naquele momento. Decidi me vestir e procurar por ela depois do *cholent*.[39] [...] Ah, não queria que minhas primas vissem meu rosto e adivinhassem o que tinha se passado.

Outra coisa está acontecendo, mas não vou escrever muito sobre isso. É sobre comida e minhas primas. Estou preocupada com Cipka, porque ela é fraca e com essas rações ela não come nem uma colher de açúcar. Chanusia guardou um pouco de açúcar para a *Wielkanoc*,[40] mas às vezes era usado para fazer *babka*.[41] Quando pegávamos o açúcar, Minia colocava no pão. Há outras coisas desse tipo. Quando contei para Surcia (fui ver Chajusia, Surcia chegou depois), ela respondeu que tínhamos que conversar com a srta. Zelicka. Infelizmente,

---

39. Prato servido no almoço do Shabat (leva batatas, carne com osso, feijões, cebolas, entre outros ingredientes). Ele é mantido em fogo brando desde a tarde de sexta para que ninguém cozinhe no dia do Shabat, o que é proibido biblicamente. A versão feita no gueto era bastante empobrecida.
40. "Páscoa" em polonês.
41. Bolo judeu tradicional do Leste Europeu, mas no gueto era feito com cascas de batatas picadas e assadas ou chicória.

acho que isso não é muito viável. Então Chajusia leu para mim o *Hovot ha--levavot*.⁴² Aprendi tanto. [...] Quando nos despedimos, me sentia melhor. [...] Mas meu humor piorou depois da assembleia. Talvez porque eu estava perto de Lusia e Edzia. A assembleia foi maravilhosa, mas se eu tivesse sentado em outro lugar, ou se elas não estivessem lá, eu teria tirado muito mais proveito. Elas ficavam atrapalhando. Lusia foi obrigada a queimar seu violino (no gueto todos os instrumentos musicais tinham que ser entregues) e às vezes caía no choro por isso. Me senti tão estranha... [...]

Haverá cursos para as meninas mais velhas. Minhas primas se inscreveram, Surcia e Chajusia também. Todas estão animadas; é bastante estimulante. Ah, se eu fosse mais velha, poderia me inscrever também e adquirir mais conhecimento. Mas o que eu posso fazer? Não tenho saída! Ah, Deus, me ajude! Me ajude. A fome também está aumentando, essa fome horrível e irremediável. Está mais frio, congelante. Ah, por que estou escrevendo sobre isso? As palavras são tão insignificantes e não exprimem nada. Ah, sempre ah e ah. Chega...

Ainda assim sou grata a Deus por ser uma menina judia! Por Ele me deixar entender isso. Deus! Sei tão pouco, ouço tão pouco, mas o que ouço significa tanto para mim, me completa tanto que... Ah, é por isso que, sempre que surge uma oportunidade, preciso aproveitá-la, preciso...

[...] Sempre quis estudar, mas não sabia exatamente o quê. Agora eu sei, agora é diferente, agora sei que quero estudar, mas estudar a Torá, nossa querida, amada, sempre nova e ainda assim tão velha Torá.

Nossa Torá que dá vida!

Mãe Torá!!!

QUINTA-FEIRA – 10 DE FEVEREIRO DE 1944

Não escrevo há algum tempo... (só em rascunhos!) Não podia escrever no diário porque não tinha tinta. Estusia levou um pote de tinta para a oficina deveria ter trazido um pouco de volta, mas todos os dias ela esquecia... Até que finalmente ela trouxe um pouco. Já é noite.

---

42. "Deveres do coração" é um conjunto de textos sobre ética muito popular, geralmente publicado em traduções acessíveis em iídiche. Foi escrito na Espanha do século XI por Bahya ibn Pakuda em judaico-árabe e mais tarde traduzido para o hebraico.

Eu sabia que muitas coisas estavam acontecendo e que seria difícil lembrar de tudo, então fiz alguns rascunhos:

9 de fevereiro: no dia 8 de fevereiro um comando, ou melhor, uma ordem (dos alemães) foi emitida dizendo que o gueto deveria entregar 15 mil homens dos escritórios entre dezoito e quarenta anos. Hoje é 9 de fevereiro. O sr. Wolman recebeu a convocação também. Ah, Deus, as deportações começaram outra vez... Minia disse com um sorriso (burro) que depois dos homens eles vão deportar mulheres, incluindo ela. Ninguém tem certeza, nem nós no gueto, nem eles lá. Mas, meu Deus, você é onipotente e eu acredito que nos direcionará ao caminho certo! Ah, eu queria que tudo ficasse bem!!!

P.S. de hoje: Há uma fome terrível no gueto, não sei o que vai acontecer... E as deportações... Ah, isso tudo...

Além disso... Além disso... Ewa vai escrever um diário (ela já está escrevendo; estamos escrevendo juntas), talvez Fela e Dorka escrevam também e isso me deixa muito feliz. Escrevi cartas para elas, porque tenho tantos pensamentos e ninguém com quem compartilhá-los. Surcia está muito longe (seria melhor compartilhá-los com Surcia), mas não posso ficar limitada a uma pessoa; é impossível. Escrevi para elas porque quero saber o que elas pensam sobre a vida... [...]

Ontem fiquei na fila dos briquetes [de carvão]. Tudo tem que ser recolhido até domingo, então as filas estavam enormes. Quanto poderia ser escrito sobre isso! Mas não vou escrever nada, é isso. Só vou escrever que eu queria que todo esse *tsuris*[43] acabasse para sempre. Isso é demais para mim...

A fome sempre teve um impacto muito ruim em mim, e continua tendo. Para mim e Cipka, o ano passado foi, por assim dizer, um desafio na luta contra a fome. Ah, isso é tão cansativo! É uma sensação terrível a de passar fome. Não gosto de ficar em casa. Prefiro ir à escola... Ou para outro lugar, mas jamais ficar em casa, é quase perigoso ficar em casa. Hoje em dia a situação é diferente de antes do *szpera*. Hoje em dia, me sinto mais faminta quando Cipka não come e mais satisfeita quando ela come... Ah, Deus, é tão difícil!!

Quando vai chegar o tempo em que toda a fome será aplacada? E toda sede? E quando não haverá mais frio? Ah, Deus!

---

43. Incômodo.

Tenho tanto para escrever agora. Então, vamos direto ao ponto! [...] Encontrei Surcia na rua, ela estava indo me visitar, estava levando seus sapatos para o sapateiro e tinha uma carta. [...] Ela escreveu que a srta. Zelicka ia permitir que eu frequentasse os encontros de sexta à noite. Quando li isso, pensei: "O quê? Só isso? Tão pouco? Nada mais?". Ah, que tipo de pessoa eu sou? Quando permitem que eu faça uma coisa, quero mais. Ela também escreveu que conversou com a srta. Zelicka sobre nosso problema (meu e da Cipka), que discutimos na casa de Chajusia no sábado. Agora a srta. Zelicka está na nossa casa, e eu estou escrevendo isso na casa dos Dajcz. Estou tentando escutar e percebo que as vozes ficam mais altas, depois mais baixas. Cipka entrou agora há pouco. Pediram que ela saísse e agora estão começando a conversar. Ah, vou me arrepender... Não consigo imaginar o que vai acontecer. Deus, Deus, me ajude, Você é o único, o único que pode! Ah, Deus!...

A srta. Zelicka me chamou. Ela cuidou de tudo tão bem, foi tão sábia. Eu a admiro porque não poderia fazer o que ela faz, definitivamente não... Devemos dividir os produtos alimentícios em porções. Ah, o gueto... Meu Deus!... E aquelas deportações. É tão deprimente, mas como Surcia escreveu: *Iazed!*[44] Não devemos nos deixar abater, temos que superar essa depressão...

Ah, o que me importa? Amanhã vou com Surcia à assembleia, por que deveria ligar para outras coisas? Não devo. Mas se estou escrevendo isso, me importo, sim. [...] Além disso, a srta. Zelicka vai dar um curso para as meninas mais velhas e minhas primas vão. Elas estão tão felizes! Eu não deveria perder tempo quando estou vivendo um momento em que não estou triste. Ah, droga! [...]

Acabei de perceber que não escrevi quase nada sobre Cipka — nem pensei nela. Mas agora... neste momento, pensei, Cipka, algo sussurrou em minha alma, esse nome é tão doce. Ah, Cipka, seu nome me agrada tanto. Cipka, ela tão doce... Lembrei que hoje de manhã vi uma foto dela quando tinha três anos (1936). Era inverno, ela estava na rua. Seu rostinho não mudou tanto, quase o mesmo, mas seu corpo, seu corpo mudou bastante. Na foto ela parece, ou melhor, ela lembra tanto a Tamarcia! Tantos anos! Agora Cipka tem onze anos, ah, o tempo está passando tão rápido! [...]

. "Seja forte!"

SEXTA-FEIRA - 11 DE FEVEREIRO DE 1944

Escrever!... Só escrever!... Assim esqueço a comida e todo o resto, todos os problemas (é um exagero). Que Deus dê a Surcia saúde e felicidade, pelo menos por me sugerir essa ideia maravilhosa de escrever um diário. Às vezes quando vou começar a escrever, penso que não vou escrever nada, mas quando começo tenho tanto para contar e não sei por onde começar.

Quero que essas duas semanas acabem para que eu possa ir até a srta Zelicka... Às vezes sinto que tenho algo a dizer, mas (sempre tem um "mas") simplesmente sou tímida.

Ah, é sexta-feira de novo! O tempo passa tão rápido! E para quê? Nós sabemos? O que nos aguarda no futuro? Estou fazendo essa pergunta com um medo e uma curiosidade juvenis. Temos uma resposta para isso, uma resposta ótima: Deus e a Torá! Pai Deus e Mãe Torá! São nossos pais! Onipotente Onisciente, Eterno!!! Isso é tão poderoso!!! Diante deles sou apenas uma criaturinha que mal pode ser vista através do microscópio. Bem... Estou rindo do mundo inteiro — eu, uma pobre menina judia do gueto, eu, que não sei o que acontecerá comigo amanhã... Estou rindo do mundo inteiro porque tenho um apoio, um grande apoio: minha fé, porque eu creio! Graças a ela sou mais forte, mais rica e mais digna que os outros... Deus, sou tão grata a você!!!...

Um higienista fez uma inspeção na escola. Mas não tema, meu diário, eu estava e estou limpa.

SÁBADO - 12 DE FEVEREIRO DE 1944

Ah, Deus, o que está acontecendo no gueto? Remanejamentos[45] de novo Ah, Deus, o que está acontecendo no gueto? Deportações de novo! Há muitas crianças, algumas de cinco anos, na rua Czarnieckiego. Estão sendo mantidas reféns no lugar dos que receberam as convocações... A sra. Krochmalnikowa (é parente de "K" e nossa vizinha) disse que era só o começo e que ninguém sabia quantas pessoas seriam deportadas...[46]

---

45. *Wysiedlenie* (literalmente, "remanejamentos") era o eufemismo usado pelos alemães para se referir deportação. Embora o termo implicasse apenas mudança para outra área, com frequência significa transporte para um campo de concentração ou de extermínio.
46. A família Krochmalnik (a mãe Sura Rywka e as filhas Bela Perla e Fajga Rachela) vivia no mesmo préd que a família Lipszyc (rua Wolborska, número 38).

Ontem à noite eu estava na casa de Chajusia (era sexta-feira, fui à casa de Surcia, mas ela não estava). O pai de Mania Bardes estava lá também. Quando descemos, descobri que Mania estava na rua Czarnieckiego como refém por causa de seu pai... Deus! Isso me atingiu como um raio no céu azul. Mania na rua Czarnieckiego! Não, não é possível! Não fomos à assembleia e Surcia disse que eu estava começando com o pé esquerdo. Afinal, a srta. Zelicka tinha permitido que eu fosse. Acho que ela leu minha carta para Surcia, porque Surcia me contou que a srta. Zelicka disse que meu "Preciso!" não podia ser recusado. Ela falou também que no meu caso seria muito saudável... [...] Mas chega disso, não tenho tempo para isso hoje.

Devo acrescentar, no entanto, que Surcia e Chajusia ficaram muito chateadas — talvez até loucas e deprimidas. A assembleia de hoje foi cancelada, mas acho que durante um momento tão terrível como esse deveríamos ficar juntas, porque estamos totalmente isoladas. Ah, Deus! Hoje assim que me vesti fui até a casa de Chajusia. Continuamos o *Hovot ha-levavot* e conversamos sobre o dever. [...] Depois Fela e eu fomos para casa. Elas só ficaram falando de comida. De fato, as primas estão gerenciando muito mal o pão... [...] Depois o sr. Bardes veio e disse que Mania não estava mais na rua Czarnieckiego, mas na delegacia. Quem sabe? Que tudo fique bem com a ajuda de Deus... Depois recebemos uma ração de comida e... Não tenho ideia do motivo, mas o clima ficou mais animado...

Decidi escrever cartas para Surcia e Chajusia. Elas estão tão desanimadas, o que é horrível, mas não me surpreende. A guerra já dura cinco anos e as pessoas estão exaustas com todas essas provações. E não acaba! Ah, Deus, nos proteja do mal!

Hoje tenho muito para escrever. Acabei de dar um caderno a Fela. Ela vai escrever um diário também. Como modelo, agora está lendo *Pamietnik Laury*,[47] mas, na minha opinião, não são necessários modelos para escrever um diário. É verdade que é difícil no começo, sou o maior exemplo disso, mas depois adquirimos experiência. Sábado à noite, quando eu estava na casa de Chajusia, aquelas deportações me fizeram pensar sobre algumas coisas. Até conversei sobre elas com Chajusia. Chajusia disse para eu me aproximar mais

---

47. Um romance para meninas adolescentes escrito por Felicja Szymanowska, publicado em 1930. Provavelmente adaptado de um livro alemão da autora.

de Cipka, conversar com ela, perguntar o que ela acha disso ou daquilo. Vou tentar, afinal, é meu dever, tenho que substituir a mamãe o máximo que puder. Não comecei ainda, mas tenho pensado nisso. É verdade que não posso fazer muitas coisas por todos, mas tenho Cipka comigo. (Ah, Deus, estou tremendo. Não quero que nenhum inimigo a pegue, coloque um dedo nela. Quero que ela seja para sempre minha. Ah, Deus, me ajude, não consigo escrever em polonês agora, simplesmente não sei as expressões.)

Vou parar agora. A sra. Marcus está brigando comigo, dizendo que uma fome assim nunca existiu antes. Talvez não para ela, mas e para nós? Para mim? Ah, Deus, o que temos passado. Quando mamãe ficou doente, eu fervia duzentos gramas de batata para quatro pessoas, sem *kolonialka*.[48] Mamãe ficava com as batatas e nós bebíamos a água fervida; cada um recebia um pedaço de batata só para "sentir o gosto". Estou escrevendo sobre comida de novo! O que aconteceu comigo? Quando penso em comida, sinto nojo e prazer! Dois extremos! Que contradição! E ainda assim andam lado a lado! Mas chega! Chega de falar de comida!!!

Amanhã (domingo) vai ter um pouco de sopa nas oficinas. Vou chegar lá às 9h30...

Estou com tanto sono! Queria dormir durante o resto dessa guerra e só acordar quando terminasse. Depois de tudo eu poderia ler sobre o que aconteceu. Embora pudesse ser interessante — vivenciei tantas gentilezas que não estou esperando mais nada. Bom... Mas alguém me perguntou? Não. A corrente da vida traz e depois leva embora. Leva embora, adiante, à frente. Quantas pessoas se perguntaram: por quê, para quê e, devagar, paulatinamente, perderam a fé e ficaram desanimadas com a vida. Ah, é tão terrível! Desanimadas com a vida. É por isso que sou tão grata a Deus três vezes, até quatro, por ter me dado a oportunidade de acreditar. Se não fosse pela minha fé, eu, como outras pessoas, perderia a vontade de viver. No entanto, fui salva bem a tempo. Surcia contribuiu muito para isso. [...] Naquele momento comecei a pensar mais sobre isso, a imaginar, contemplar e indagar com mais frequência e profundidade. Talvez seja assim com outras coisas, mas... Tenha

---

48. Esse termo, que significa "itens coloniais", era como as pessoas no gueto se referiam a farinha, sêmola (*kasha*), temperos, gorduras, sopas instantâneas e assim por diante. Antes da guerra, a expressão designava produtos importados, como frutas cítricas e temperos.

paciência, com a ajuda de Deus tudo vai ficar bem. Não se pode fazer tudo de uma vez só! Mas queremos tanto fazê-lo!

Bom. Escrevi tudo isso em um momento tão terrível... Como consegui? Preciso escrever uma carta para Surcia! Sinto tanto por ela, não sei, ontem senti tanto por ela e por Chajusia e... por todo mundo...

Ah, Deus, resgate logo Israel do exílio! *Oy, G-t, leyz shoyn oyz yisroel fun goles! O, G-t, ven vet shoyn zayn di geule?* [49]

Temos tantos anseios (como Chajusia disse hoje, somos um grande amontoado de anseios)... Ah, é verdade, é verdade! [...]

DOMINGO – 13 DE FEVEREIRO DE 1944

Domingo... Estou na escola agora e, como todas as minhas amigas, espero pela sopa. Está muito frio — há neve lá fora e a sala não foi aquecida. Estou escrevendo, ou melhor, rabiscando, minha mão esquerda está desajeitada. Estou com sono. [...] Sinto muito remorso... Talvez se Abramek estivesse com uma boa aparência eles não o teriam levado. Ele era um menino tão bom. Quantas vezes, quando eu não tinha pão, ele me dava o pão dele? Ah, quantas vezes? Por isso ele não estava com uma aparência boa. Estou cheia de remorso... Sinto vontade de chorar, chorar, até de gritar.

Hoje passei um tempo com Cipka, conversei um pouco com ela. Pedi a ela que pensasse um pouco e depois me dissesse o que ela achava das pessoas. Ah, eu a amo tanto. Estranho, sinto sono, e um anseio sonolento. Não estou confortável aqui sentada escrevendo, está muito frio. Ah, o que importa meu desconforto agora? Preciso escrever. À noite tenho um lugar para descansar a cabeça, devo ficar satisfeita com isso. Quantas pessoas não têm nem isso? Será que Abramek e Tamara têm o mesmo? Teria como eu saber?

Ah, Deus, nos una! Ah, estou com tanta saudade e fico escrevendo isso de novo e de novo e de novo... Escrever! É um presente. Obrigada, Deus, por me deixar escrever! [...] Quando tudo vai ficar bem? Não sei... Que resposta! Ah, vou cair no sono aqui no banco da escola enquanto escrevo isto. É melhor parar e visitar minhas amigas que estão nos outros bancos. Vou melhorar?

---

49. "Ah, Deus, quando a redenção vai acontecer?" O original não está na escrita padrão do iídiche, mas provavelmente reflete a pronúncia de Rywka no dialeto de Lodz.

Também não sei. Mas na verdade eu não devia ficar aqui de bobeira... Estou cheia de vontades!!! Deus... Minhas palavras estão desmoronando...

SEGUNDA-FEIRA - 14 DE FEVEREIRO DE 1944

Querida Chajusia!!!
Estou preocupada com você. Você está muito mexida por causa dessa deportação. Se acalme, Chajusia! Meu Deus! Não pode ser assim, Chajusia, entendo você muito bem. Sei o que isso significa para você, mas tudo tem que ter limites... Chajusia, por causa dessa grande preocupação...

Agora vou contar a você algumas observações minhas. Bom, em tempos normais (se é que podemos chamar assim), eu passo por estados diferentes, humores diferentes, mas e agora? Não posso fazer isso agora!... Tenho que seguir em frente... Que Deus me ajude, tenho que saber como não estar despreparada nunca. Estou dizendo a você: siga em frente! Não fique brava comigo por causa dessa pregação, ou pelo fato de que eu, mais nova que você, me permito dizer algo assim. Mas, acredite em mim, estou escrevendo isso do fundo do meu coração para o seu próprio bem. E você sabe muito bem disso!

Querida Chajusia! Surcia está tão preocupada quanto você? Mostre a ela este fragmento com minhas observações. E você precisa se acalmar! Não fique em casa o dia inteiro! Vá caminhar! Talvez se sinta melhor! Você sabe que pode ir de um extremo ao outro. Ah, Chajusia, você pode achar que não entendo nada, mas acredite em mim! Acredite em mim, eu também estou passando por isso — vejo esta realidade terrível diante dos olhos, mas, acredite em mim, não podemos perder nosso coração. O truque é se controlar e não deixar o mal controlar você...

Mas chega! Tchau por enquanto!
Sua Rywcia...

[...] Ontem à noite tivemos uma assembleia, ou melhor, "uma festa" na casa de Maryla Lucka. Poderíamos ter escolhido uma época melhor, mas o que fazer? Dois meninos foram: Józio e Pawel. Geralmente eles são suportáveis... Eu fico longe. Eles só vão aos domingos, e nesses dias eu preferia ir a outro lugar. Queria achar uma desculpa para não ir aos domingos. Se eu pudesse ir à casa de Surcia e ler partes dos Salmos... Ah, seria tão prazeroso! Mas não devo desviar do assunto!

Tive que parar. O sr. Zemel veio até aqui e fez um discurso, ou melhor, repetiu o que o presidente disse.[50] E: os que devem ser deportados, mas estão se escondendo, estão recebendo ajuda de outras pessoas. Isso é proibido... Aparentemente, os deportados serão levados para algum tipo de trabalho fácil. Mas quem sabe? Além do mais, durante o horário de trabalho, das sete às dezessete horas, não vai ser permitido que ninguém ande nas ruas. O gueto está virando um *arbeits lager*.[51] Os apartamentos terão de ser trancados. Apenas os acamados com atestados médicos poderão ficar em casa. Ninguém mais. Não sei o que vai acontecer com nossos sábados... Afinal, um apartamento pode ser trancado com um cadeado. Mas o que vai acontecer com as oficinas? Deus! O que vai acontecer?! Só Você sabe. Fiquei tão chateada que escrevi um poema. Não sei o que vai acontecer com as assembleias. O Departamento de Provisões e outros departamentos ficarão abertos a partir das dezessete horas para que as pessoas possam receber comida.[52]

O que mais me preocupa são os sábados... Está ficando cada vez pior...

Meu Deus! Não é o suficiente?...
Por quanto tempo mais vamos sofrer?
Estamos cheios de anseios, algo nos engasga como um osso
O que acontecerá amanhã não sabemos!...
Ah, Deus! Nos ajude, enfim!
Este gueto é uma máquina monstruosa!...
Deus, quanto tempo esta vida envenenada vai durar?

---

50. Rumkowski fez um discurso para os gerentes das fábricas no dia 13 de fevereiro, às dezessete horas, dizendo que havia recebido ordens para enviar 1500 homens para "trabalhar" fora do gueto. As pessoas começaram a se esconder para fugir da deportação. Ele tentou convencer os habitantes do gueto a se inscrever, assegurando-os de que não estavam em perigo e ao mesmo tempo ameaçando-os: se o gueto não entregasse o contingente exigido, as próprias autoridades alemãs viriam buscá-los.
51. Campo de trabalho forçado.
52. Essas regras foram introduzidas para preparar o gueto para visitas inesperadas de comissões alemãs. As mudanças organizacionais — como a obrigatoriedade de ficar no trabalho e a restrição à movimentação — tinham o objetivo de fazer o gueto parecer altamente funcional. Temendo atitudes das comissões alemãs, Rumkowski chegou a proibir as mulheres de usar cosméticos.

Estamos cada vez pior...
Não há esperança... Está escurecendo...
Temos que ficar sozinhos?
Desperdiçar nossas vidas no gueto fechado?
Nossa vida é miserável...
Mas poderia ter sido tão fabulosa!...
Estou queimando!... Não consigo apagar o fogo,
Estou presa por esse sofrimento eterno!...

Ah, Deus! Tudo está em Suas mãos!
Acalme nossos corações que sangram!...
Ponha um fim em nosso tormento!
Ah, como satisfazer essas almas famintas!

TERÇA-FEIRA – 15 DE FEVEREIRO DE 1944

Como sempre, o que é trágico também é engraçado, mas, por outro lado, as pessoas trabalham nos pátios de carvão ou nos depósitos de vegetais das dezessete horas à meia-noite![53] Você conseguiria imaginar algo assim no passado? Certamente não! Ah, é tão trágico! Pelo menos a primavera está chegando e os dias estão mais longos. Eu já estou cansada. Imagino as pessoas trabalhando ao relento no meio da noite. Frio, pouca luz, uma fila enorme, o caos, todos com sono. Ah, Deus!... Diante de tais situações, minha vida em casa é tão irrisória. No entanto, existem coisas que não conseguimos superar em silêncio...

Então, ontem [...] não tinha água em casa. Sempre tivemos água na rua Wolborska, número 31, mas hoje não tinha. Tive que carregar água do número 21 da rua. Eu estava com pressa porque queria pegar alguns briquetes, a última ração, em vez de madeira... Queria estar lá antes das dezessete horas. Quando saí, estavam preparando o jantar. Voltei às dezenove horas. Parei na casa de Ewa, conversamos (sobre os diários). Eu não estava com tanta

---

53. Havia dois pátios de carvão no gueto, operando através da estrutura do Departamento de Carvão, que entrou em funcionamento em 8 de maio de 1940: na rua Mickiewicza, número 10, e na rua Lagiewnicka, número 47. Os vegetais eram estocados em depósitos administrados pelo Departamento de Provisões.

fome e pensei que se quisessem comer me chamariam. Às vinte horas elas ainda não tinham me chamado. Naquele horário o jantar já deveria estar pronto. Entrei no apartamento. Estusia e Chanusia ainda estavam comendo. Eu queria um pouco de comida, mas para minha surpresa a panela estava vazia. Todas sorriram e Estusia disse: "Eu queria que você tivesse vindo três horas mais tarde. O que teria acontecido se eu tivesse deixado a panela no fogo? Tudo estaria frio e você estaria cortando lenha agora". Eu queria ter respondido: "Ah, é mesmo, que pena. Se eu soubesse, teria vindo três horas depois". Mas não disse uma palavra... Ela é que tem que decidir quando eu posso comer? Eu deveria ter comido quando não estava com fome e depois só teria pão para comer?...

[...] Enquanto eu comia, Estusia disse: "Alguém tem que levar um balde de água lá para baixo". Isso foi dito para todas, mas senti que estava se dirigindo a mim. Então Minia foi dormir. Arrumei a cama para Cipka. Eu estava muito cansada... Apesar de querer costurar um pouco na cama, logo descartei a ideia e resolvi dormir... Dormir. Quando Estusia percebeu que eu estava tirando a roupa, ela disse: "Leve o balde lá para baixo!".

"Não vou levar porque não posso" (eu disse).

Ela começou a fazer um escarcéu e veio para cima de mim. Eu disse a ela que já tinha carregado bastante coisa (Minia estava deitada e Chanusia estava perto do fogão fazendo crochê).

"O quê? Quero saber o quê!", Estusia gritou.

"Não vou falar, porque você sabe!" Mostrei a ela que eu podia não ser tão submissa, que sabia ser durona. Ela bateu em mim... Ah, agora eu não vou fazer o que você quer mesmo! Ela estava agindo como criança, batendo na minha cabeça, uma idiota. Quis empurrá-la para longe, rasguei um avental, ela perdeu o anel. Até que finalmente me deixou em paz e fui deitar.

"Vou fazer de tudo para que você se vire melhor em algum outro lugar", ela declarou.

"Ah, já ouvi isso tantas vezes!"

Ah, Deus, estou tão sozinha! Não sei se ela vai fazer o que prometeu, mas achei que ela falaria com a srta. Zelicka. O que isso vai parecer? Estusia fica dizendo que está satisfeita comigo, mas e agora? Ela vai dizer que não me quer mais? Parece inacreditável. Ah, esse é o momento certo para pensar nisso? Não só os tempos são horríveis e trágicos como eu também não tenho um lugar para chamar de "lar". Lembro de uma frase de *Uma luz na escuridão*:

"Que seja o lugar mais modesto, mas seu".[54] Ah, é tão verdade! É por isso que sinto tanto frio!... Tenho vontade de chorar! Chorar, gritar e expressar essa dor enorme que me rodeia! Ah, Deus! As coisas parecem tão restritas aqui! Tão duras!

Ah, Deus! Algo está para acontecer. Não sei. [...]

Passei em casa para pegar uma caderneta e um pouco de dinheiro. Minia estava em casa. Como não achei meu dinheiro, perguntei a Minia se ela tinha. Nenhuma resposta... Perguntei de novo... Nenhuma resposta... Perguntei se ela estava me ouvindo... Nenhuma resposta... Perguntei várias vezes, mas ela não me respondeu, nem ao menos uma vez. Fiquei brava e informei a ela que estava indo à assembleia. Saí. Eu não tinha dúvidas de que ela tinha me ouvido... pelo menos uma vez. Eu estava quase chorando. O que ela estava achando? [...] Eu não sabia o que pensar. Meu choro estava engasgado. Horrível... Mais tarde Cipka me disse que Minia tinha perguntado o que eu estava contando para ela. Eu não acredito que ela não ouviu, mas mesmo que não tenha ouvido... Ela não me dirigiu nem uma palavra! Não consigo entender...

Quando voltei, Chanusia já estava em casa. Me ofereci para trazer um pouco de água (um balde estava cheio), mas ela disse que não precisava. Mais uma vez não entendi nada! [...] Sei lá, tudo está me deixando de mau humor, é horrível. Ah, Deus! Este clima no gueto, em casa. Ah, eu não aguento... Mas e daí? Estou só escrevendo e na verdade vou aguentar...

À noite a polícia judaica bateu à porta dos apartamentos. Estão procurando aqueles que estão escondidos. Ontem à noite foram na casa de Prywa e perguntaram sobre os homens. Ah, Deus! Nunca tinha acontecido nada assim no gueto. Passamos por muitos períodos terríveis, cada um deles foi diferente, e este também é. Ontem quando Zemel estava falando sobre as pessoas que ajudam as outras a se esconder e não as denunciam, percebi que nós, os judeus, sofremos tanto com essas deportações e suas consequências que agora estamos desesperados e não queremos entregar as pessoas. Infelizmente, não temos saída. Não estamos preparados. Ah, de repente me senti tão mal. Estava me sentindo sufocada! Vi o *szpera* em todas as suas cores... Abramek... Ah, Deus, quase desmaiei!

---

54. O livro de C. E. Weisgall, *Swiatlo w mroku. Powiesc dla dorastających panien* [Uma luz na escuridão: um romance para moças], teve sua primeira edição em 1930.

[...] Ah, quero derramar todas as minhas tristezas no papel; será que vou me sentir melhor? Ah, e agora? Agora, com tantas pessoas sofrendo nestes tempos terríveis e trágicos, existe lugar para minhas tristezas e meus sofrimentos bobos? Escrevendo isto não estou diminuindo minhas tristezas, pelo contrário: estou aumentando-as. E está esfriando. Frio! Estou tremendo só de mencionar essa palavra.

Sim, primeiro Srulek me trouxe uma carta de Chajusia. Ela parece estar bem melhor e isso me deixa muito feliz. Surcia provavelmente estava na casa de Chajusia, mas aparentemente não tinha escrito uma carta para mim... Eu queria tanto vê-la! Tenho aula amanhã. Talvez depois passe na casa de Chajusia. Estou com saudade de todas! Não sei o que está acontecendo com Mania Bardes e os Wajskol e Dorka Zand, não sei de nada... [...]

Ah, hoje estávamos na casa de Edzia e vimos um grupo de homens.[55] Eles estavam indo para a rua Czarnieckiego, ouvíamos o choro deles. Ah, é de partir o coração! Estamos todos em farrapos... Estamos em farrapos! Deus, nos una! Misture-nos em um todo grande e inseparável! Ah, quando isso vai acontecer? Quando a *Geula*[56] virá?

QUARTA-FEIRA – 16 DE FEVEREIRO DE 1944

Hoje fomos à escola às sete horas... Reparamos em uma mudança na "decoração"... A sala de aula estava cheia de mesas e máquinas. E daí? Eu não ligo! Mas tem outra coisa! De manhã o guarda não queria me deixar entrar. Eu nunca mostro meu *arbeitskarte*,[57] mas hoje ele não queria mesmo me deixar entrar. Mostrei meu cartão de comida (jantar) em vez do cartão de trabalho... Mas isso também não ajudou. O que é mais importante para mim é que estou com saudade das meninas, das assembleias, de tudo...

E... um segredo... Minhas primas estão quase sem marmelada e açúcar mascavo, mas Cipka e eu temos bastante. Hoje de manhã estávamos indo

---

55. Um grupo de homens designados para deportação do gueto.
56. Redenção.
57. Cartão de identificação do trabalho.

para o trabalho (Cipka e eu) e ela me contou que domingo, quando fomos pegar nossas rações, Chanusia disse a Estusia que acabaríamos com nossa marmelada e nosso açúcar bem rápido, e que elas teriam que dividir com a gente. Estusia concordou.

Primas burras, vocês estão tão erradas! Não preciso disso. Nunca pensei em ser tão "generosa" quanto vocês! Nem penso nisso. Ha, ha, ha, do fundo do meu coração, estou rindo delas. De qualquer forma, não vale a pena ficar pensando nisso! Os tempos são horríveis... Muitas pessoas foram embora... Há fome... mas já escrevi sobre isso. Sinto algo, mas não consigo expressar, embora queira muito. Eu gostaria de ajudar a todos... Gostaria de ser útil... Gostaria de ser útil! Estou cheia dessas emoções inexprimíveis. Não sei... estão todas conectadas com meus anseios e me sinto tão triste. Mas não posso deixar que a tristeza me domine, porque sei que nada de bom pode vir disso. Sou contra o mal... Quero gentileza! Quero mesmo! Existe um ditado: "Querer é poder", mas ele não se aplica ao meu caso... Porque quero fazer tanto... tanto... Mas o que posso fazer? Pouco, muito pouco, quase nada...

(Estou escrevendo em casa) uma carta para Surcia.

Minha querida Surcia!
Tenho que escrever para você agora porque não consigo mais esperar. E então: você escreveu um poema sobre o Vinte de Setembro, lembra? A assembleia foi no nosso apartamento. Você trouxe dois poemas, mostrou a minhas primas e elas ficaram encantadas. Quando pedi que me mostrasse, disse que eu não entenderia...

Sabe, Surcia, hoje, por puro acaso, eu estava lendo alguns poemas (reunidos por Minia) e de repente comecei a ler "Vida, vida, vida". Imediatamente pensei que era um de seus poemas... Acho que você sabe! Ah, Surcia, acho que você sabe que entendi bem (é maravilhoso!). Entendi, certo? Você sabe! No passado você não poderia me mostrar os poemas porque tinha certeza de que eu não entenderia (naquela época eu teria entendido também), mas hoje você sabe! Não é, querida?

Querida Surcia! O que devo escrever a você? Talvez que tenho muito para lhe contar e quando nos vermos não vou saber por onde começar. Ah, é tanto, há tanto no diário também! Ah, Surcia!

Hoje na escola tive uma conversa com uma tal de Marysia Glikson

(*uma* apikoyres[58]) *sobre a srta. Zelicka. Você não imagina o que ela tinha a dizer!... Ela foi adotada e a srta. Zelicka é quem a acompanha. Outras meninas que conhecem a srta. Zelicka também entraram na conversa e nenhuma delas concordou com Marysia. Finalmente Marysia me disse: "Você e ela são farinha do mesmo saco!". Quando ouvi isso, tive a sensação de que estava conversando com uma não judia. Além disso... Ah, não posso mais escrever, o resto está no diário... Minha tia manda lembranças! Ciao, por enquanto! Beijos (agora eu posso)!*
Com muito amor,
Sua Rywcia

Alguma coisa aconteceu (ou está acontecendo) em casa. [...] Cipka percebeu que todos os dias sua marmelada some. Ela me disse isso hoje e, quando Minia voltou, contou para ela também. Suspeitamos... Não, não posso escrever ainda... Ficou claro para mim que não se pode acusar alguém sem ter certeza. Mesmo durante a época em que compartilhávamos tudo eu percebia que algumas coisas desapareciam. Estusia falava disso, talvez suspeitasse de nós (Cipka e eu)... E eu achava que era Minia... Embora Minia sempre lambesse só um pouquinho da marmelada, sempre faltava muito e eu não conseguia acreditar que fosse ela.

Hoje descobrimos. Mas não consigo acreditar de jeito nenhum. Ah, Deus, que decepção com as pessoas! É insuportável! Cipka acrescentou que, um dia, quando deveria ir para a oficina ao meio-dia, fingiu estar dormindo e "aquela pessoa" (Cipka sentiu) pegou o pote de açúcar. Cipka ouviu a pessoa mastigando. Hoje Minia percebeu que o pote de açúcar foi colocado em um lugar diferente e que seu *latki* de café[59] estava espalhado por todo o prato. De manhã, quando eu saí para o trabalho, estava tudo no lugar. Não consigo tirar isso da cabeça. Ah, Deus! Se não podemos confiar nessas pessoas, então

---

58. A palavra iídiche/ hebraica *apikoyres* vem do nome do filósofo grego Epicuro (341-270 a.C.). De acordo com o dicionário iídiche *The Weinreich*, o termo é usado para designar um judeu herege. Também pode ser compreendido como uma expressão para se referir a um judeu que não acredita na revelação divina da Torá e rejeita os princípios religiosos judaicos.
59. Isso era provavelmente o que os habitantes do gueto chamavam de "bolo de café", uma mistura preta preparada com chicória, grãos ou similares (mas não incluía café) e água, cozida em uma panela.

em quem? Em quem? Ah, confiança! Que horror! Deus! Ah, que jogo baixo! É nojento! É insuportável! É culpa do gueto! As melhores pessoas foram levadas... As piores ficaram... Deus! Seu conselho! Sua ajuda!

QUINTA-FEIRA – 17 DE FEVEREIRO DE 1944

    Ontem durante a aula Fela me disse que aparentemente Mania estava para ser liberada. Seu pai estava em casa e o levaram embora. De qualquer forma, isso não é certeza. Há tanta amargura. Ah...
    Surcia nos visitou à noite. Quando voltei da aula, Minia estava conversando com Estusia sobre os desaparecimentos. Durante alguns dias, até sábado, colocaremos "armadilhas" para a ladra e então vamos ver. Ah, vai ser tão terrível. Quando Surcia estava aqui, as primas começaram a conversar sobre isso, mas em códigos. Eu não podia contar a Surcia, mas ela vai descobrir de qualquer forma. Isso tudo deixou uma sensação ruim nas primas e Estusia ficou muito decepcionada, todas ficaram... Mas chega. Surcia me trouxe uma carta. Estou feliz por ter escrito para Chajusia e nem preciso dizer que a carta foi honesta, do fundo do meu coração. Estou satisfeita por ter feito alguma coisa, mesmo com poucas palavras. Ah, essa carta de Surcia me deu tanta coragem! Eu quero reciprocidade! Só reciprocidade! Quando alguém me dá alguma coisa, eu dou alguma coisa de volta, e assim vamos... Assim que deveria ser, mas não é, ou melhor, é extremamente raro que seja assim. Pelo menos deveríamos querer isso (não estou conseguindo encontrar a palavra), não deveríamos exigir reciprocidade dos outros, mas de nós mesmos, de nós mesmos! Devemos tentar retribuir o máximo que pudermos àqueles que merecem. Ao mesmo tempo, podemos aprender e descobrir mais sobre nós mesmos. Na minha opinião, a verdadeira reciprocidade não é assim: eu tenho que retribuir imediatamente porque você fez algo para mim, ou: se eu faço algo para você, é só porque espero que você retribua. Não! Na minha opinião, a reciprocidade deveria ser altruísta! Não vou ficar fazendo contas e vou corresponder, ou melhor, retribuir, quando eu puder, quando for do fundo do meu coração. Esse é o tipo de reciprocidade em que eu acredito! Como é com Surcia... Recíproco, recíproco!
    Quando cheguei em casa, a primeira coisa que Minia me disse foi para conferir o pão de Cipka. Eu fiz isso e (ah, Deus, como é difícil escrever isso)

estava faltando um pedaço de pão. Não posso escrever sobre outras coisas porque o pão é o mais importante. Ficamos muito decepcionadas...

Não consigo nem olhar para essa pessoa, estou tão enojada. Pão... Quando descobri, eu queria simplesmente, bem, eu não sei o que fazer com essa pessoa...

Ah, Deus!... *Far guts, varft min shteyner*.[60] Infelizmente, nesse caso é verdade. É preciso ser uma pessoa muito podre para fazer algo assim... e com essa inocência. Ah, essa decepção dói tanto... Estusia ficou muito decepcionada, mais do que todas nós. Eu preferia não escrever ou pensar sobre isso. É tudo por causa do gueto! Este gueto! Realmente isso é insuportável!

Além disso, na nossa escola (nem é mais uma escola, porque seu nome foi mudado para *fach kurse*[61]), não teremos mais aulas de hebraico ou matemática, só cinco horas de costura e uma hora de desenho técnico.[62] Não são permitidos livros nem cadernos no trabalho. É tudo segredo, elas (as oficinas) precisam dar cobertura a nós, crianças, porque estudar é proibido. Isso machuca tanto (para eles não somos humanos, apenas máquinas). Ah, dor! Mas estou feliz por poder "sentir" que dói porque enquanto doer significa que sou humana. Eu sinto — e o contrário seria muito ruim. Deus! Obrigada por sua bondade conosco! Obrigada, Deus!

Amanhã teremos inspeção de um higienista de novo, como toda sexta-feira...

DOMINGO - 20 DE FEVEREIRO DE 1944

O *szpera*! Quantas memórias trágicas, quanta dor e angústia, quanta ansiedade (não consigo nem enumerar tudo) estão contidas nessa única palavra? Ah, Deus, quanto horror? Em uma só memória... E se tivermos outro *szpera*?[63] Isso é um *szpera*? Graças a Deus, felizmente não é como daquela vez. É domingo. Estamos em casa. Tentei terminar minhas tarefas

---

60. Em retribuição ao bem, as pessoas jogam pedras.
61. Curso vocacional.
62. A mudança nas escolas tinha o objetivo de preparar as crianças para o trabalho físico.
63. Nessa data, 20 de fevereiro, as autoridades emitiram uma proibição quanto à movimentação pelo gueto. Apenas vigias podiam permanecer nos locais de trabalho. As pessoas designadas para deportação foram levadas de suas casas para o ponto de coleta na Prisão Central na rua Czarnieckiego.

domésticas o mais cedo possível para poder começar a escrever... Sério, tenho tanto para escrever. Provavelmente haverá um *szpera* hoje e não poderemos sair às ruas. Hoje de manhã fomos acordadas por batidas na porta. Minia abriu. Um policial entrou e perguntou por homens (queríamos dizer que ele era o único em nosso apartamento, mas não era hora para brincadeiras). Ele andou um pouco pelo apartamento, tirou a cama de Minia do lugar, abriu um armário e... percebendo que não havia ninguém lá, foi embora.

Para falar a verdade, poderíamos esconder muitos homens aqui e eles não encontrariam ninguém. Mas deixa pra lá: embora esse *szpera* não seja tão terrível quanto o anterior (o que não quer dizer que não seja terrível também), a verdade é que não nos afeta pessoalmente... Mas é só dizer "*szpera*" e... isso já é suficiente! Ah, Deus! Essa palavra me dá medo, mesmo sendo só uma palavra, mas e... Ah, mas e a realidade? Não quero mais escrever... Porque, ah, porque... Não, não posso!...

Ontem tive que ir para a oficina pela primeira vez num sábado (e que seja a última vez!). Chanusia e Estusia também estavam lá. Minia ficou na cama (antes das cinco horas, um oficial do banco trouxe para ela um *stam karta*[64] para a sopa de sábado e domingo). Ontem todas nós pegamos a sopa que era de hoje. Mas não quero escrever sobre isso.

Ah, Deus, foi horrível levantar tão cedo no sábado! Sufocante! Quando estava passando o cruzamento da rua Jerozolimska com a Franciszkanska, vi um soldado perto do arame farpado olhando para o gueto.[65] Parecia que estava olhando para mim e que ficou satisfeito por eu estar seguindo meu caminho. Nunca vou esquecer essa sensação, me senti tão mal, como se estivesse engasgada, com vontade de chorar! Chorar... Chorar... Observei as pessoas indo para a oficina como sempre faziam. Esse dia, esse dia sagrado, santo, é para elas um dia normal e comum. Deus, eu estou entre elas? Eu sou como elas? (Talvez ninguém tenha pensado sobre isso.) Para mim, ir à oficina no sábado foi uma agonia terrível. Eu pensei várias vezes, quase sem querer: se tiver que fazer isso de novo (preferia não fazer), será que vai se

---

64. Cartão de ração.
65. Provavelmente essa é uma referência aos membros da polícia alemã que, armados com rifles, ficavam em postos de sentinela ao longo do perímetro do gueto.

tornar uma coisa comum para mim, vou me acostumar? Ah, Deus, faça algo para que eu não tenha que ir à oficina no sábado! Me senti tão mal! Queria chorar! Parecia que todos estavam rindo de mim. Estavam rindo porque eu estava lá. Deus, nunca vou esquecer esse sentimento. Ah, foi tão ruim. Mas nesse ponto nossa turma está bem. Há muitas meninas que não trabalham aos sábados... Mas e daí? O que isso tem a ver comigo?

A sra. Kaufman nos mostrou como cobrir as lapelas. É disso que eu preciso! Fiquei repetindo mentalmente: "Sábado, sábado", para não esquecer aquilo, Deus me perdoe! Mais uma coisa: era o sábado do *men hot gebentsht rosh khoydesh*[66] e eu estava com pressa de ir para casa.[67] Ficava dizendo para mim mesma: "Não posso esquecer!". Ah, é tão difícil.

Além disso, sexta-feira à noite, como sempre, eu estava na casa de Surcia. Tive que esperar um pouco por ela. Enquanto aguardava (é difícil escrever isso), os irmãos dela não estavam se comportando como deveriam. Pensei comigo mesma: pobre Surcia! Deve ser difícil para ela. O quanto ela tem que lutar! Ah, tenho pena dela e a admiro ao mesmo tempo. *Dos iz a shtiler held!*[68] (Tenho um assunto para a aula.) Eu queria poder ajudá-la! Queria poder facilitar as coisas para ela! Ela me deixou ler alguns de seus artigos. Um deles (publicado antes da guerra) era intitulado "À beira de um precipício". Ah, era tão verdadeiro! Sempre que penso nele, não consigo conceber que li em polonês. Quando me lembro de uma frase, é sempre em iídiche. Por exemplo: "Não há pai judeu"... Em iídiche fica *Nisht do, keyn yidishn tatn!*[69] Soa diferente...

Quando fomos embora, Surcia ficou tentando inventar desculpas, [dizendo] que era assim na casa dela e que eu não devia seguir esse exemplo. Seu irmão mais velho era um garanhão. Pensei comigo mesma: "Ah, Surcia está sofrendo tanto — é tão difícil para ela. Ainda assim, ela não reclama e até me aconselha... Que heroísmo!". Rywcia, você tem que aprender com ela! E por isso a amo ainda mais!

---

66. A bênção para o novo mês.
67. No Shabat anterior ao início de um novo mês (chamado Rosh Chodesh), há uma bênção especial na sinagoga. As mulheres judias religiosas consideravam o Rosh Chodesh um dia sagrado das mulheres, uma vez que marcava a renovação do calendário lunar.
68. "É uma heroína!"
69. Na verdade, a tradução literal seria: "Não aqui, eu não tenho pai judeu!".

Ontem à noite, à mesa do jantar, senti uma necessidade repentina de ler para minhas primas a última carta escrita depois do discurso do sr. Zemel. Estusia disse que tinha sido escrita por Surcia. Ah, elas gostaram... Para mim foi suficiente ela ter achado que foi escrita por Surcia. Bom, tenho que parar agora, talvez escreva mais depois!

TERÇA-FEIRA - 22 DE FEVEREIRO DE 1944

Graças a Deus! O pai de Maria Bardes foi solto!

Talvez no próximo sábado tenhamos uma assembleia. Ah, eu ia gostar tanto. Não temos uma assembleia de verdade há muito tempo. Desde ontem Franka Wajskol está vindo trabalhar, mas não sei de mais nada sobre isso... Só sei que todos os dias pegamos sopa para ela.[70] Mas chega! Não pertencemos mais a Zydowska, somos uma oficina agora e o nosso chefe é o sr. Szuster, não o sr. Zemel. No fim das contas, é melhor assim...

Eu estava sentada lendo com a cabeça baixa. Não queria desperdiçar nem um momento. Então decidi ler mais. E descobri que tenho um problema. Não escrevo nada de especial além do diário, às vezes um poema, mas e a prosa? Ah, não sei escrever prosa. Será que me tornei uma incompetente? Ah, eu achava que não tinha nada para escrever, mas enquanto isso vou escrevendo... Enquanto tudo isso acontece eu escrevo. Escrevi um ensaio para a aula e graças a Surcia tenho algo especial... Talvez minha escrita tenha sido um pouco desajeitada, mas foi sincera!

No momento, estamos organizando uma biblioteca. (A biblioteca Zonenberg foi fechada.)[71] Cada menina está doando um livro, assim teremos uma coleção. Também me juntei a elas e estou oferecendo os volumes três e quatro de *Guerra e paz*. Provavelmente teremos bons livros. Hoje estou com (peguei emprestado de Surcia) *Ontem e hoje*, de Zeromski.[72] Queria ler algo bom...

---

70. Uma manifestação de solidariedade muito comum no gueto. Não receber sopa era o equivalente a uma sentença de morte. Então, trabalhadores das fábricas com frequência separavam algumas colheradas de sua porção de sopa para colegas doentes ou ausentes.
71. Havia várias bibliotecas no gueto, embora a biblioteca de Jakub Wolf Zonenberg na rua Zgierska, número 19, fosse a única que já funcionava antes da guerra.
72. Autor polonês Stefan Zeromski (1864-1925).

QUARTA-FEIRA - 23 DE FEVEREIRO DE 1944

Estou me sentindo estranha! Não sei... Estava lendo enquanto não tinha nada para fazer e a sra. Pilcewicz veio aqui (eu não percebi) e levou meu livro... Ah, droga! Não tenho nada para fazer, mas tenho que ficar sentada sem fazer nada. Agora, tenho trabalho. Eu não estava prestando atenção e fiz uma costura inclinada, agora ela está fazendo vinco. Ah, chega dessas histórias da oficina! Eu me sinto estranha e não gosto mais de fazer nada. Mas ontem passei uma hora e meia ou duas na companhia de Cipka. Ninguém estava em casa... Estávamos sozinhas e conversamos, li para ela alguns fragmentos do meu diário.

Talvez hoje aconteça a mesma coisa? Chanusia vai voltar para casa mais tarde, então ficaremos sozinhas por mais tempo. Gosto tanto disso! Ah, tenho tantas coisas para fazer... E tenho que fazer muitas visitas. Queria ir até a casa de minha prima Balcia Zelwer. Faz muito tempo que não nos vemos. Tenho que ir à casa de Zemlówna, devia visitar Mania... Sério, sinto que temos uma conexão, sinto que a amo, amo todas elas. Ah, quando isso vai melhorar? Já está tão escuro que fica fácil, muito fácil tropeçar e cair. Não se pode ver nada, nem mesmo as luzinhas piscando lá longe. E não é que elas estejam só fracas, elas simplesmente apagam... E como as acendemos de novo?

Estou perdida! Completamente perdida! O que mais devo escrever? Tudo está sempre igual! Sinto que neste exato momento deveria escrever muito, sinto... Ah, se eu derramasse tudo no papel, me sentiria melhor? Mas como posso fazer isso?

Encontrei algumas partes boas no livro de Zeromski... Por exemplo: tinha tanta saudade, tanta, no coração... Mas com a chegada do filho, com um abraço dele, toda a saudade derreteu. A chegada do filho tirou a saudade de seu coração e quando derreteu passou pelos olhos na forma de lágrimas de felicidade. Como precisamos de algo assim!

Pedaços de saudade têm se acumulado no meu coração há anos, mas se meu irmão ou minha irmã aparecerem a qualquer hora com um abraço, um olhar, esses pedaços podem desaparecer e se transformar em lágrimas de felicidade. Mas neste momento não tenho lágrimas. E mesmo assim eu choro, grito, mas em silêncio. Estou tão infeliz.

Minha angústia está crescendo... Há cada vez mais angústia em mim... A única coisa que poderia aliviar essa sensação está tão longe... Cada vez mais... Como devo agir? Me desfazer em pedaços? Não! Não posso. Esperar pacientemente? Ah, é demais! É estressante! Ah, estou com medo de não conseguir mais! Grito com toda a minha força: "Aguente!". Porque isso é o mais importante. E o mais difícil! Deus! Que luta! Que luta terrível!

Estou cada vez mais exausta! Não me surpreende! Mas não pode ser assim! Não deve ser assim! Não deve... Não posso desistir! Mas quem está pensando em desistir?... Não importa... É tão difícil! O que mais devo escrever? Talvez "difícil" mais uma vez. Ah, sinto que estou afundando cada vez mais em um pântano cheio de lama... e... não consigo sair. Será que alguém está me empurrando para baixo? Será que esse alguém é mais forte do que eu? Não! Não vou deixar isso acontecer! Vou me esforçar ao máximo! Mas estou dominada pela exaustão! Ah, como posso brecar tudo isso? Quem pode me ajudar? Este gueto é um inferno terrível.

A campainha está tocando, tenho que terminar agora, mas queria continuar escrevendo...

QUINTA-FEIRA – 24 DE FEVEREIRO DE 1944

Há um desconforto no gueto. Estão dizendo que as mulheres serão deportadas também... Não pegaram todos os homens ainda. Amanhã devemos trazer um pão, um cartão e algum outro documento. Para não esquecer disso, resolvemos escrever bilhetes: "Lembrar do pão, do cartão e de algum outro documento!". Ah, uma tragicomédia...

Me parece que o gueto está ficando vazio — todos os lugares estão vazios (agora até a minha mente está vazia). Que Deus não permita que algo ruim aconteça. Infelizmente, o panorama não é bom. Há um clima ruim em todos os lugares. Não estou nem pensando em como era no início da guerra. Ah, já vivi tantas coisas...

Chawka Gr[yn]wald veio e disse que viu um grupo de mulheres. Meu Deus! Isso é tão terrível! Haverá *folkszeilung*[73] domingo e mais uma vez não poderemos sair. Horrível!

Se ao menos eu soubesse que ficaríamos juntas não seria tão ruim, mas uma separação... E o que será das primas? Ah, sério. E Balcia Zelwer? E to-

---

73. Provável referência a um censo da população do gueto.

das! É tão difícil! Muito difícil! Estamos na escuridão... Alguém está nos empurrando... e empurrando... Não vamos resistir... E estamos afundando... Estamos ficando presos... Deus, nos ajude a sair!!! Infelizmente, a ajuda ainda não está vindo. Quem sabe se chegará a tempo? Ah, estamos todos nas mãos de Deus! O que mais podemos fazer? Está escuro e vazio à nossa volta! Está terrivelmente escuro e nebuloso! E essa neblina está entrando no meu coração... Mal consigo respirar. Ah, impossível... Vamos morrer sufocados. Ah, mais ar fresco. Ah, sentimos tanta falta do ar fresco... Deus! Deus! É tão trágico, sem solução, ruim.

É até tragicômico. Coisas inacreditáveis estão acontecendo. Para nós, é o pão de cada dia, mas, quando pensamos a respeito, vemos o quanto é cômico. Deus? Por exemplo, vários pratos feitos de café, *lofiksy*.[74] A irmã de Prywa os chama de "enche-boca", porque servem para encher a boca. Ah, se isso fosse o pior! Ah, é tão trágico... Trágico... Trágico...

SEXTA-FEIRA – 25 DE FEVEREIRO DE 1944

Tenho muito para escrever. Mas primeiro o mais importante! Quanto à deportação de mulheres, Marysia Glikson tem um endereço registrado desde 1925, mas, já que foi adotada, só pode ficar lá até 1º de abril. Depois disso não terá onde morar...

Como eu também tinha que ir à Proteção à Juventude (depois fui liberada), fui junto com ela. Sua situação é muito difícil. Se esse caos terminasse, ela talvez pudesse ficar em uma casa para adolescentes, mas no momento não há perspectivas.[75] No caminho ela me disse que vem de uma família muito religiosa, mas que foi criada pelo irmão (ele era oficial e terminou os estudos na França) e viveu entre os poloneses. Ultimamente, no gueto, ela vem se decepcionando com os judeus, e é por isso que é como é. Eu queria ajudá-la (ao menos mostrar a ela que as pessoas de nosso meio são capazes de ajudar os outros). Levei-a a Chajusia (ela vai conversar com a srta. Zelicka em segredo); também pedi ajuda a Balcia Zelwer, pensando que talvez

---

74. *Lofiks* era uma pequena massa escura feita de café de chicória e cozida em uma frigideira. Era chamada assim porque lembrava um tipo de briquete, fazendo então uma referência bem-humorada ao nome comercial "Lofix".
75. *Bursa*, em polonês, é uma casa para adolescentes, principalmente aquelas que não têm família.

Marysia pudesse morar com ela por um tempo. Não funcionou, porque no inverno Balcia se mudou para a casa dos vizinhos. Marysia espera o pior.

Nesse momento não posso reclamar que ela não é uma de nós, tenho que ajudá-la, como uma igual, o máximo que puder. Ela também está tentando ter acesso ao presidente. Eu disse a ela que se ela quisesse alguma coisa de minhas primas (elas têm contato com Rozenmutter)[76] poderia nos visitar. Duvido que algo de concreto saia disso, mas o que eu posso fazer? Chega!

Além disso (é segredo), Lola e Majer dormiram na nossa casa ontem. Eu queria tanto que tudo fosse melhor! Sinto que tenho tanto para escrever e... Só sinto! É muito difícil. Estou com uma sensação estranha. Além disso, vou ter que esperar muito tempo para ler o diário de Surcia. [...] Bem, preciso ser paciente. Isso não pode ser feito com pressa. Droga! É de manhã...

SÁBADO - 26 DE FEVEREIRO DE 1944

É sábado à noite. Estou morta de cansaço, mas e daí? Não posso dizer que estou alegre — longe disso, mas agora o mau humor de ontem se foi, graças a Deus. Ah, ontem à noite eu estava com um humor horrível. Surcia me disse que muitas garotas da Bnos estão na rua Czarnieckiego, outras ainda escondidas. Ah, é tão horrível![77] Surcia disse que não temos ideia do quanto é terrível. Ela está certa! Mas se tivéssemos ideia, seria pior para nós.

Ontem à noite algumas garotas (inclusive eu) se reuniram na casa da sra. Miloner. Ficamos conversando. [...] Só pedimos a Deus que tenha piedade de nós e nos ajude. (Ah, não consigo me expressar em polonês.) Além disso, elas estão coletando pão e mantimentos para aqueles que tiveram os cartões bloqueados.[78] Ah, está tão escuro! Quando penso nisso, sempre me lembro do *Ayelet ha-shahar* dos Salmos.[79]

---

76. Essa pode ser uma referência a Mendel Rozenmutter, que em abril de 1943 era membro do comitê que concedeu benefícios de socorro aos necessitados.
77. Bnos se refere a Bnos Agudas Israel, a organização das garotas ortodoxas patrocinada pelo partido ortodoxo chassídico Agudas Israel.
78. Os cartões de ração dos que estavam fugindo da deportação foram bloqueados.
79. Em hebraico bíblico, significa "Gazela do amanhecer". A expressão é associada à rainha Esther, que supostamente recitou o Salmo 22, no qual a frase aparece como título, quando foi ao rei Ahashueras interceder pelos judeus que estavam sendo perseguidos por Haman.

Hoje [sábado] não fui à oficina. Em vez de experimentar a sensação da semana passada de novo, ou me acostumar a ela, decidi não ir. Eu não esperava receber sopa. Prywa não foi também porque ontem teve febre. Mesmo assim recebi sopa, só que a ração dos doentes. Não importa! Eu não podia mais ficar na cama, tinha que ir à oficina onde Chanusia trabalha para deixar o atestado médico dela. Ela teve que extrair um dente e depois outro dente inchou. Ela ficou com febre de 38,5 graus. Hoje está se sentindo melhor, mas tudo isso atrapalhou meu sábado. Tive que ir à oficina duas vezes. Depois fui à casa de Chajusia. Ela leu para mim algo sobre o dr. Birnbaum[80] e eu aprendi muito... O que ele diz é muito precioso!

A noite de ontem foi tranquila. Ninguém foi levado, mas foi preciso agir com cautela... Será que é uma armadilha? Quem sabe? É melhor prevenir do que remediar. [...]

Ah, ainda tenho tanto para escrever! Sábado à noite fui até a casa do meu tio pegar o casaco de Cipka. Não vi Tusia. Tenho tanta saudade dela! Ultimamente não tenho pensado nela, não tenho escrito sobre ela... Bem, eu penso nela. Quis vê-la muitas vezes, mas o tempo não permite. Depois do fim do *havdalah*,[81] nós (Minia, Cipka e eu) fomos buscar vinte quilos de briquetes (duas rações). O tempo está bom para usar o trenó, então levamos tudo nele. Maravilhoso! Fomos andando e puxando a corda. Tínhamos que sair de novo mas o jantar estava pronto e não estávamos com vontade de ir, então não fomos. [...]

Estou aqui sentada. Acabei de receber "permissão" para escrever. Quase todas estão dormindo e estou esperando por Lola e Majer. Hoje elas vêm mais tarde, porque precisam buscar suas rações. Estou com muito sono... Minha perna direita está gelada... Estou molhada... Meus sapatos estão encharcados... Estou com frio.

Ah, na quinta-feira Surcia escreveu um poema maravilhoso e muito bem trabalhado. Estou com sono. (Queria escrever, mas não estou conseguindo e fico só rabiscando.) Eu queria, ah, como eu queria acordar de manhã em

---

80. Provável alusão ao dr. Nathan Birnbaum (1864-1937), que deixou de ser um estudante universitário secular em Viena (e cunhou a palavra sionismo) para se tornar um judeu ortodoxo devoto, defensor do iídiche e membro ativo do Agudas Israel, cujo movimento de garotas era chamado de Bnos.

81. O *havdalah* marca o fim do Shabat e a divisão entre o dia sagrado e os outros dias da semana. O ritual inclui bênçãos feitas sobre uma taça de vinho, uma caixa de temperos e uma vela trançada.

outro tempo, diferente e melhor! Eu gostaria tanto!!! Queria algo substancial! Algo rico em gentileza! Algo encorajador! Algo tranquilizador! Queria muito. Queria aprender os Salmos porque eles são tão encorajadores! E tranquilizam tanto!... Tão maravilhosos!... Talvez amanhã tenha estudo dos Salmos na casa da sra. Milioner. Eu vou...

Não só dos Salmos, mas também da nossa amada Torá. Ah, é tão bom ser uma pessoa aberta, ser judia. Tão bom ser habilidosa, saber (é difícil). Ah, é tão bom! Os Rosset acabaram de chegar.

DOMINGO – 27 DE FEVEREIRO DE 1944

Quando eu estava na rua mais cedo me perguntei por que o ser humano está sempre infeliz querendo mais e mais. Ele faz exigências o tempo todo. Por exemplo, quando tem um nível baixo, quer ter um nível mais alto. Isso tem aspectos negativos e positivos... Se ele quer aprender para atingir um nível mais alto, então isso é positivo... Mas... existem limites! (Não sei se isso é adequado para um diário.) Por exemplo, quando você mostra um dedo para um cachorro, ele morde a mão inteira. Existem pessoas que querem mais e mais, se têm chance de fazer alguma coisa. (Ah, não sei se é isso que eu quero dizer.) O ser humano, no sentido pleno da expressão, deveria sempre se lembrar disso, mas ele é tão tacanho! Por despeito, ele não se lembra do que deveria se lembrar. Ah, não posso escrever isso, porque estou tendo pensamentos cada vez mais espontâneos e caóticos. Ah, se eu pudesse dar forma a esses pensamentos!

Estou me sentindo muito mal. Com vontade de chorar! Ah, será que chorar me acalmaria? Ah, lágrimas! Não as derramo facilmente — nem mesmo quando preciso. Deus, o que vai acontecer comigo? Estou me sentindo sufocada! Não consigo encontrar um lugar no mundo. Não sei o que vai acontecer.

Primeiro, fui ver Mania. Ela nos contou (eu estava lá com Ewa) o que aconteceu com ela.[82] Ah, que experiência! Eu disse que ela tinha que escrever um diário. Seria uma pena se ela não escrevesse tudo aquilo. (Estusia está incomodada com o fato de eu estar escrevendo agora... Ah, se ela soubesse o que escrever significa para mim!) Deus! Mal posso respirar! Mal posso fazer

---

82. Certamente se refere à experiência de Mania na Prisão Central, quando foi mantida como refém no lugar do pai.

qualquer coisa! Há um peso muito grande no meu coração... Esmagando-o. Ah, dói tanto. Ah, machuca muito! [...] O que eu posso fazer? Eu, um dos menores grãos de poeira sobre a Terra? Que importância tenho eu? Que importância tenho eu (não vou dizer "diante de Deus", mas) diante de todas as pessoas vivendo neste planeta? Que importância tenho eu? Que importância tem minha vida? Ah, essas perguntas! Eu sei que não posso fazer muito por aqueles que estão longe, mas por aqueles que estão perto posso fazer um pouco. Tenho que fazer... Não posso ficar sentada sem fazer nada. Ah, se eu pudesse fazer tanto quanto gostaria! Deus! Estou triste, estou cheia de tristeza. Cheia de anseios!... E não consigo respirar! Ah, Deus, me ajude! Me ajude! Estou com sono. Estou em um estado de estupor. Ah, eu não sei... Eu não sei de nada. [...]

Além disso, meus sapatos estão encharcados e isso tem um efeito ruim sobre mim, é como se eu tivesse no banho... Estou tremendo... Estou com tanto frio! É terrível ficar com os sapatos molhados. Mas não é a pior coisa... Só que tudo isso junto é... Ah, uma mistura... Uma miscelânea! Tudo isso está me deixando tonta. Ah, que caos! Oh, é insuportável. O que estou dizendo? Insuportável?... Eu vou suportar... Mas mesmo que consiga, e daí? Não consigo ver nada para além dessa escuridão irreal e profunda como uma noite egípcia... Só vejo preto! Ah, Deus! Quando vou enxergar?!!! Quando vou enxergar?!

SEGUNDA-FEIRA - 28 DE FEVEREIRO DE 1944

Hoje pensei que não ia escrever nada, mas obviamente mudei de ideia. Não podia escrever na oficina, porque estava ocupada fazendo o vestido de Cipka. Tive um pequeno problema com a sopa, então meu intervalo foi bem triste (por causa da sopa). Mas vamos direto ao ponto! Costurar me dá muito prazer e quando terminar saberei que estou mais forte... Saberei que independente das condições serei capaz de seguir adiante. Terei uma profissão. Não dependerei de meu destino; meu destino dependerá de mim. Me sinto mais forte.

Alguns anos atrás, em meus sonhos, quando imaginava meu futuro, às vezes eu via: uma noite qualquer, um escritório, uma mesa, uma mulher sentada à mesa (uma mulher mais velha). Ela escrevia... escrevia... e escrevia... o tempo todo. Alheia a tudo ao seu redor, escrevia. Consigo me ver como essa mulher. Outras vezes, me via em um apartamento modesto, compartilhado com minha irmã — no início achava que era Tamarcia, mas hoje é mais provável que seja Cipka. E outras vezes imagino uma sala simples, iluminada à noite, toda a minha família sentada à mesa. É tão agradável... Tão terno, confortável... Ah, é tão bom! Depois, imagino que, quando todos vão dormir, sento à máquina de costura e costuro... costuro... É tudo tão doce, tão bom... tão prazeroso! Porque tudo que faço com minhas próprias mãos é nosso sustento. Paga pelo pão, pela educação, pelas roupas... quase tudo. O trabalho que faço com minhas próprias mãos... Sou muito grata à sra. Kaufman por isso... E então (obviamente só quando penso nisso, porque ainda não se tornou realidade), então sinto que posso ser útil, e não só que posso, mas que preciso, eu preciso! (Tenho que parar agora e trazer um pouco de água).

Será que conseguirei escrever agora como estava escrevendo antes? Tenho que tentar. (Ah, droga! Cipka pegou meu estojo e uma caneta. Tive que testar quatro pontas. Nenhuma delas está boa e mal consigo escrever.) Eu sei, porque disse a mim mesma muitas vezes, que o trabalho é essencial na vida, a menos na minha. Gostaria de imaginar um trabalho para mim, um trabalho difícil mas recompensador porque assim saberia estar fazendo algo por alguém, e que existe alguém. Isso é o mais importante: eu gostaria de dar, mas também de receber. Isso não é fácil. [...] Ah, interromper a escrita não é bom — estou escrevendo de um jeito completamente diferente agora. (O sr. Dajcz trouxe um pouco de papel e uns cadernos da fábrica de papel.[83] Sala vai escrever um diário também.)

Queria que esse vestido para Cipka estivesse pronto. Eu ficaria muito satisfeita. Sim, mas o que meu pequeno prazer significa comparado a todos os problemas e fracassos que enfrentamos aqui? Ah, as pessoas não se entendem em parte porque não tentam entender realmente a situação umas das outras. Mas o que se pode fazer? O mundo foi criado assim. Porém, em tempos atípicos o mal fica maior. Todos ficam ansiosos... [...]

Um tempinho atrás eu estava minimamente contente, mas e agora? Talvez seja porque as primas estão em casa (primeiro Chanusia estava aqui... mas quase não nos falamos, estava tudo bem, e agora?). A ansiedade e o

---

83. Um adulto do gueto que mantinha um diário, Jakub Poznanski, trabalhou e viveu com a família na fábrica de papel (*Papier-Erzeugnisse*).

incômodo frequentes delas têm um efeito negativo sobre mim. Chega disso! Tudo de forma moderada. Quando repito isso, sempre me lembro de mamãe. Ah, estou tão feliz por me parecer ao menos um pouquinho com ela. Sempre me lembro dela. Minha amada mãe!!! [...]

Quando eu tinha cinco anos, talvez seis, ou talvez fosse um pouco mais nova... Era noite. Mamãe estava sentada à mesa e eu — não sei por quê — estava um pouco irritada e dizendo coisas estúpidas e infantis, que estavam machucando muito a mamãe. Eu falei: "Não preciso de uma mãe assim, você não é minha mãe, minha mãe era muito melhor, no outro apartamento a parede era pintada com figuras bonitas, bonecas e flores, já aqui... Não quero ficar aqui etc...". Mas quando olhei para minha mãe, vi uma coisa que nunca vou esquecer. Nunca na minha vida vou esquecer sua expressão... Imediatamente senti uma dor aguda em meu coração. Mas no fim das contas, naquela época eu entendia muito pouco as coisas. Ah, ainda hoje me sinto cheia de remorso por ter dito aquelas palavras, embora eu fosse uma criança e não entendesse quase nada. Ah, Deus, eu rejeitei minha mãe naquele momento?! Se eu soubesse o que estava dizendo, certamente não diria.

O que me fez escrever sobre isso? Uma coisa leva a outra. Ah, agora mamãe estaria muito feliz comigo... Ela estaria tão satisfeita! Ela não viveu isso. Ela só conheceu a dor, o sofrimento e a pobreza. Em resumo, ela só conheceu uma luta terrível, terrível, terrível... E infelizmente... ela foi derrotada.

Ah, tenho vontade de suspirar profundamente. Me lembrei de uma música: "Apenas um coração de mãe". Ah, quem não sabe o que é uma mãe pode vir até mim para descobrir. Eu sei... Eu sei o que eu tive e o que eu perdi. Ah, será que um dia serei mãe? E... será sempre a mesma coisa. É assim que o mundo foi criado. Aprendemos com os erros... Infelizmente só depois de cometê-los...

(Estou falando bobeira?) Bom, eu gostaria de escrever um pouco sobre isso... Mãe. O que isso significa? Quem é essa criatura chamada mãe, que com grande prazer sofre e dá à luz uma vida nova... Nova. Há uma parte dela nessa nova vida. Ah, essa mãe não é poderosa? Extraordinária? Sem dúvida, sim! Ninguém pode fazer o que ela faz. Ninguém. Mesmo a dor e o sofrimento a fazem feliz, há provas disso. Primeiro: o quanto ela sofre antes e depois de dar à luz uma pequena criatura, esperando que no futuro essa pequena criatura se torne seu orgulho. Ou quando essa pequena criatura fica doente? Ela vai lutar contra essa doença dia e noite, até que saia vencedora... Ou até ser derrotada.

Ah, só uma mãe pode fazer isso! Ela pode entender e sentir tudo. Essa mulher aparentemente delicada... Mas ao mesmo tempo toda-poderosa! [...]

Será que um dia eu serei mãe? Serei poderosa? Não sei por que escrevi isso agora. Ando pensando nisso faz tempo. [...] Me sinto mãe do meu irmão e das minhas irmãs. Mas talvez exista uma diferença — uma diferença factual e tangível. Eu não os criei (meus irmãos). Eles foram criados pela mesma pessoa que me criou, ela nos deu a vida (por que estou escrevendo isso?).

QUARTA-FEIRA - 1º DE MARÇO DE 1944

O caso de Marysia teve uma virada positiva. Ela nos fez uma visita ontem (afinal, ela não tinha mais nada para fazer). Conversou com as primas sobre muitas coisas. Sem querer, mencionou que queria ir até Rozenmutter, para ele conversar com o presidente sobre o dormitório. Minia prometeu que quando tudo se acalmasse ela falaria com ele. Estou feliz por Marysia estar melhor. Ela está mais autoconfiante. Estusia disse a ela que se precisar de qualquer coisa (uma cadeira ou uma bacia), pode sempre voltar e terá ajuda. Marysia gosta muito de minhas primas (ela se surpreende com o fato de elas serem filhas de um rabino). [...] Estou escrevendo em pé, perto do fogão, mas está frio. Não estou com paciência para ficar sentada e tenho que dar uma olhada na panela de vez em quando.

Hoje na oficina eu estava muito chateada porque não podia costurar antes que a sra. Pilcewicz verificasse se eu tinha feito um bom corte, e depois por pouco não fiquei sem máquina. Andei de um lado para o outro, estava com a cabeça nas nuvens, e acabei ficando tonta. Deixei uma garota usar a minha linha, e depois outras meninas também me pediram emprestado, então acabei usando dois carretéis entre ontem e hoje e agora não tenho mais linha. Não sei o que vai acontecer.

Meus olhos de novo... Eu pisco demais... Gostaria de perder esse hábito, mas não consigo. Sei quando costumo fazer isso: quando fico com sono ou chateada, como hoje de manhã na oficina. Eu estava "semiconsciente"... E com aqueles olhos. Além disso, quando fiquei sem linha e pedi um pouco emprestado a minhas amigas, elas encontraram mil desculpas para não me dar. As coisas são assim... Aí está a gratidão humana. Quando elas precisaram, me procuraram na hora, mas e o contrário? É de enlouquecer qualquer um. Eu tinha uma máquina, ninguém estava me apressando e podia costurar, mas não tinha linha. Mas do que estou falando? Que caos! Hoje estou toda caótica. [...] Estou escrevendo coisas sem sentido. Na carta para Surcia, perguntei se devia estar escrevendo sobre isso.

Ah, preparar comida em casa é... Chanusia diz: "Não ponha água, está ralo", ou "Coloque um pouco de café". Você não pode fazer isso. Ah, ela sabe tão pouco sobre "a vida doméstica no gueto"! O quê? O que é ralo não é bom? Mas grosso é melhor... Gueto! Gueto! O que você fez com a gente? Ah...

QUINTA-FEIRA – 2 DE MARÇO DE 1944

Há um desconforto no gueto. Parece que uma comissão alemã está visitando a rua Czarnieckiego. A qualquer momento vai haver deportações... Hoje à noite estaremos em "alerta máximo". Ah, não conseguimos perceber o quanto isso é trágico. Trágico... trágico. Estou com frio. Algo está me dando arrepios. Sinto falta do calor... Ah, calor! [...] Ah, viver é tão difícil! Em momentos como este não gosto de ficar com outras pessoas. Queria estar em um lugar isolado. Mas as pessoas se atraem... e se repelem. É por isso que existem conflitos, guerras etc. Se ao menos estivéssemos em tempos normais! Mas não...

Mais uma coisa. Ainda estou impressionada com a noite passada, ou melhor, com meu sonho. Ah, o que foi esse sonho?! Estava escuro... Chajusia veio até mim e disse que se apresentou para deportação por uma questão de honestidade. Não só ela... Outros tinham feito a mesma coisa. Lembrei da srta. Zelicka e de Surcia. Ah, não consigo expressar o que senti. Sei que vi a escuridão diante dos olhos. Me sentia sufocada. Não conseguia dizer uma palavra. Fiquei em conflito pensando se deveria me apresentar também ou não... Eu tinha que ficar com Cipka, mas não podia me separar de Surcia. Ah, que sentimento horrível! Não me lembro bem do sonho, mas agora tudo me faz lembrar dele. Ele ainda me carrega em suas garras. Tem um impacto terrível sobre mim. Ah, Deus, vejo a escuridão diante dos olhos. [...] Ah, nervos... nervos... Estou exausta. É horrível...

Primeiro Cipka trouxe (ela pegou emprestado) um livro da sexta série chamado *Uma janela para o mundo*.[84] [...] Quando olhei para ele, memórias

---

84. Provável referência a um livro didático.

antigas vieram à tona. Naquela época as escolas já estavam fechadas. Mamãe estava doente, mas eu conseguia sonhar e me sentia tão bem! Ah, parece tão distante. Hoje só tenho memórias! Só memórias dolorosas. Ah, minhas pernas estão ficando duras de frio — estou com muito frio. Tudo isso. Sei que tenho que suportar. Acho que suporto, pelo menos parece que sim.

Está na hora do jantar. Elas já estão resmungando alguma coisa. Parece que coloquei o *pulwer*[85] errado. Ah, sempre essas histórias. Estou impaciente (embora não deixe transparecer), mas, acima de tudo, estou exausta. Queria escrever sobre meus pensamentos e sentimentos, mas não está dando certo. Sinto um aperto na garganta... choro. Ah... Talvez eu não devesse mais escrever? [...]

SÁBADO - 4 DE MARÇO DE 1944

Pensei que não fosse escrever hoje. Estou lendo um livro muito bom chamado *Os miseráveis*, revezando com a Chanusia. O livro está caindo aos pedaços. Alguns capítulos têm mais páginas e temos que esperar que a outra termine. Neste momento, estou esperando Chanusia. É assim que se lê no gueto... (É tarde da noite, todas estão dormindo.) Além disso, não é bom quando temos algo para escrever, mas não podemos. Acontece comigo toda sexta-feira à noite. Quando volto da casa de Surcia, sempre tenho muito para escrever, mas é Shabat. Graças a Deus não vou para a oficina no sábado. Fui apenas uma vez e... Chega... chega...

Além disso, há cartazes por todo o gueto dizendo que as pessoas que estão escondidas e cujos cartões estão bloqueados devem se apresentar o quanto antes, pois não vão conseguir fugir etc.[86] É terrível. E tudo está em risco. Ontem quando eu estava na casa da sra. Milioner (procurava pela Chajusia), vi a expressão no rosto das pessoas reunidas lá; não transmitia nada de bom. Ah, é tão difícil! Mas também estou feliz porque amanhã (domingo) não vou à casa de Marysia, e sim à de Surcia. Vamos dar "uma volta", o que significa: estaremos completamente sozinhas.

Ah, minha alma está cheia de alguma coisa... indescritível... não identificável... não sei... [...] (Chanusia está me mandando deitar, disse que posso

---

85. "Pó", em alemão. Em 1944, sopas e temperos em pó eram fornecidos para o gueto.
86. Proclamação número 414, publicada na noite de 3 de março de 1944.

terminar amanhã. Ah, e por acaso ela sabe o que significa escrever? Me parece que não faz ideia. Tempo? Estusia recebeu um cupom e me disse para ir buscá-lo amanhã e levar os lençóis à lavanderia, mais isso e aquilo... E agora a generosa Chanusia me diz para ir para a cama e terminar amanhã.) Estou escrevendo sobre coisas triviais. Bem, boa noite!

DOMINGO – 5 DE MARÇO DE 1944

Não posso escrever mais, apenas que me sinto horrível e abatida. Estou tão triste... Em vez de ir à casa de Marysia Lucka, fui ver Surcia. Contei a ela sobre minha mãe. Em sua carta, Surcia mencionou uma amiga. Ah, eu fiquei tão comovida! Ah, estou chorando! Estou chorando muito. Não consigo escrever por causa das lágrimas. Ah, estou me sentindo sufocada, asfixiada! Meu Deus... O que vai acontecer comigo? Quanta incapacidade... Surcia escreveu que antes de mais nada temos que nos acalmar. Fui até ela para pedir ajuda. Oh, não estou me sentindo bem! Estou perdida!

Chega! É sempre a mesma coisa. Tenho que controlar minha consciência... Perseverar. Os Rosset não vêm; provavelmente não vêm hoje. Agitação nas ruas.

SEGUNDA-FEIRA – 6 DE MARÇO DE 1944

Não é nada bom... Eles estão levando jovens e meninas até mesmo das oficinas.[87] Chanusia acabou de chegar da oficina dizendo que muitas de suas amigas foram levadas ontem à noite. Ela está esperando que o mesmo aconteça com ela... Disse isso com um sorriso. Estranho, mas ela é assim. Ah, é horrível. Um grupo de homens está vindo da casa de banho. Estou desviando o caminho...

TERÇA-FEIRA – 7 DE MARÇO DE 1944

Estou com muito sono. Embora seja dia. Em sua última carta, Surcia citou um fragmento de *Jean-Christophe* sobre um amigo.[88] Ela disse que eu devia

---

87. Na noite do dia 6 de março de 1944, 350 pessoas, principalmente mulheres solteiras, foram entregues à Prisão Central.
88. Em polonês *Jan Krzysztof*, é um romance escrito entre 1909 e 1912 pelo autor francês Romain Rolland. Por essa obra, o autor recebeu o Prêmio Nobel de Literatura. Foi traduzida para o polonês por Leopold Staff.

dormir e que cuidaria de mim. Nem sei como fazer isso. Ontem foi um dia ruim para mim — estava tão distraída que me esqueci de mandar uma carta para Surcia.

Hoje estou escrevendo uma carta para mamãe. Sim, tenho que escrever. Fui dominada por uma sensação estranha... Desconhecida...

Terminei o vestido de Cipka. Ela vai experimentar e a sra. Kaufman vai dar uma olhada. Que Deus não permita que haja algum erro! Quem sabe. Ah, toda minha vida está passando diante dos meus olhos. Acho que estou resfriada...

Mas agora isso não é importante. Que importância eu tenho? Nenhuma. Preciso voltar ao trabalho, o que é muito difícil porque: caí, ou melhor, estou caindo; tenho que levantar. É importante...

QUARTA-FEIRA - 8 DE MARÇO DE 1944

Amanhã é o Purim.[89] Purim! Que tipo de festa é essa?... E que tempos estamos vivendo?... *Ven s'volt geshen aza neys vi demol[l]t?!*[90] Mas merecemos isso? Apesar de sofrermos tanto... Bem, por que fazer rodeios? Simplesmente queria que um milagre acontecesse. Ontem vi Surcia e Chajusia. Bem, não é bom. Eles levam as pessoas das oficinas à noite. Além disso, Berka, irmã de Kon, foi liberada hoje. Sério, ninguém estava acreditando. É o destino. [...]

Fiz um vestido para Cipka e agora estou fazendo um para mim. Chega disso. Vou voltar ao Purim. Cipka foi a única que se lembrou de dar *mishloyekh mones*[91] a todos da família Dajcz, às primas. Para a sra. Markus ela mandou algumas coisinhas: sabão em pó para Rózia, bobes de cabelo para Nadzia e um livro para Pola. Ela colocou bilhetinhos em cada um, onde escreveu "Lembrancinhas". Tenho que admitir que foi um pouco ideia minha. Mas isso não importa agora...

Chanusia acabou de voltar. De manhã ela foi à rua Czarnieckiego ver Rysia (uma amiga da oficina). Ela disse que se alguém quiser ficar doente, é só ir

---

89. Festa judaica que comemora a libertação dos judeus da Pérsia antiga da aniquilação planejada por Haman. Os festejos incluem fantasias, refeições especiais e presentes, assim como leituras públicas do *Megillah* ou *Livro de Esther*.
90. "Ah, se ao menos acontecesse um milagre como antes."
91. Presentes.

para lá. Não me sinto forte o suficiente para escrever sobre isso. Se eu tivesse ido até lá, teria que escrever, mas neste caso não consigo...

Além disso, o que é importante e não importante é que me sinto muito mal... Fisicamente também...

QUINTA-FEIRA - 9 DE MARÇO DE 1944

Primeiro, fui à casa de Surcia. Li alguns fragmentos de seu diário, mas depois tive que parar por causa do Purim. Estusia não me deixou sair (eu tinha que ir à casa da srta. Zelicka). Ela queria que passássemos o Purim juntas, mas não deu certo, porque quando voltei Cipka não estava (ela ainda não está). Mas não era sobre isso que eu queria escrever. Então li um pouco sobre a vida de Surcia. Parece com a minha. Ah, esta vida! Ah, se naquele tempo (em 1940) soubéssemos que a vida não era tão ruim, que algo muito pior nos esperava, então, quem sabe, talvez não teríamos conseguido suportar. [...]

Além disso, me sinto muito mal. Estou com dor de garganta, rouca e... Será que eu devia mesmo escrever sobre isso aqui? Não! Existem problemas mais sérios agora e tenho que aguentar.

Quanto ao meu vestido, hoje não costurei nada, simplesmente porque a maior parte das máquinas está quebrada, algumas sem agulha, e é quase impossível chegar até as que funcionam. Bom, nesse trabalho descobri o egoísmo e a raiva das meninas. Elas são tão jovens e mesmo assim... Ah, é tão terrível. Depois de passar um tempo com elas, podemos perder a vontade de fazer qualquer coisa. E com toda essa maldade, será que é possível enxergar nelas pelo menos um pouquinho de gentileza? (E será que podemos mesmo chamar de gentileza?) Saber viver é difícil! É tão difícil ser verdadeiramente judeu! Tão difícil... Difícil!

(Neste momento minha garganta dói.) Estamos até um pouco acostumados com essas dificuldades, porque elas são nossas! Elas entram em nossas vidas, elas se tornam nossas vidas. Ah, Deus! Nos ajude a percorrer um caminho bom e verdadeiro e alivie nosso sofrimento agora! Já é hora...

S'iz shoyn purim... un... vi iz di neys tsu velkhe vir bengin azoy?[92] Na

---

92. "Já é Purim e onde está o milagre pelo qual esperamos tanto?"

verdade, eu não esperava nada, mas... Mas queria que tudo terminasse bem! Ah, como eu queria...

SEGUNDA-FEIRA - 3 DE MARÇO DE 1944

Querido sol! Sinto tanto a sua falta!... Mas você está escondido. O tempo está horrível. Vento, neve úmida, lama... E obviamente com a lama os sapatos ficam encharcados. Não me lembro de nenhum inverno na vida em que meus sapatos tenham ficado encharcados assim. Este par é da Proteção à Juventude. Hoje quando voltei da oficina, não consegui suportar. Tive que tirar os sapatos, as meias, tive que tirar tudo.

Além disso, a situação não está boa no gueto. No escritório da cooperativa eles registram as pessoas para trabalhar em Marysin.[93] Uma lista do banco foi enviada para a praça Balucki.[94] Minia está na lista. Minia é (percebi isso) uma grande cínica... Ela ri o tempo todo... Ah...

Por que minhas primeiras palavras foram "Querido sol"? Ah, que seus raios nos aqueçam em todos os cantos! Ah, precisamos tanto deles! Solzinho! Acalme-nos! Mas em vez disso está escondido! Já é hora, passou da hora. Brrr... Está tão frio. Ontem eu não estava me sentindo bem. Estava com uma dor de cabeça terrível... e... recentemente meu ouvido está produzindo uma secreção, o que me preocupa... Não é possível comprar algodão nem nas farmácias. Ah, este gueto!

Lembro que sexta-feira à noite Surcia me falou de um ditado atribuído ao rei Salomão. Ela disse que o sofrimento físico é pior que o moral, porque o sofrimento físico afeta a moralidade. (Será que me expressei corretamente?) É isso que acontece. Estou vivenciando isso hoje. Cada coisinha está sendo muito difícil para mim. Ah, queria que pelo menos tivéssemos nossas assembleias! Pelo menos a elas poderíamos recorrer com confiança. Ultimamente não temos nada, nada. Estamos ocupados pensando em nossos estômagos

---

93. Nesse período, o administrador alemão do gueto, Hans Biebow, supervisionou uma iniciativa para construir casas temporárias pré-fabricadas, que seriam enviadas à Alemanha para abrigar as vítimas dos bombardeios dos Aliados. O trabalho era realizado próximo à estação de trem Radegast, em Marysin. Os funcionários administrativos eram registrados para esse trabalho porque estavam em condições físicas melhores que a maioria dos outros no gueto.
94. Rumkowski tinha um de seus principais escritórios na Balucki Rynek ou praça do Mercado Balut.

(não gosto disso), simplesmente nos tornamos animais... Somos mais animais do que humanos. Como é terrível...
Sim, hoje em dia sabemos mais sobre as pessoas e, infelizmente, ficamos muito decepcionados. [...] Ah, é tão terrível, tão absurdamente terrível. Só podemos fazer uma coisa: pedir misericórdia a Deus! Ah, Deus, nos ajude!!!

QUARTA-FEIRA - 15 DE MARÇO DE 1944

É uma pena que ontem à noite eu não tenha escrito, porque agora tenho muito para contar e não quero parar, então vou pela ordem...

Então, na noite passada concordamos que três de nós (Chanusia está um pouco doente, ontem ela teve febre alta, hoje está se sentindo melhor) iríamos pegar um pouco de carvão.[95] Precisamos coletar cem quilos. O gueto todo tem que fazer isso até sábado. Fui sozinha, porque no caminho queria visitar Chajusia. Às 21h40 eu estava na fila...

A fila estava muito longa! Muito! Acabei ficando no meio de algumas mulheres que estavam falando muito. [...] Uma delas dizia: "Parece que a fila fica mais curta umas 19h, 19h30 porque as pessoas vão jantar". "Sim", confirmou a outra. "E às 21h, 21h30, depois do jantar, elas saem de casa e começam a caçar. Ah, vivemos como primitivos, voltamos para casa depois de um dia de trabalho, fazemos nossas refeições correndo e saímos para caçar..." Algo doeu dentro de mim. Sim, somos selvagens e primitivos... Caçamos. Ah, isso machuca tanto! Nós, pessoas do século XX, nós, que há alguns anos tínhamos um padrão de vida relativamente alto, agora somos iguais aos primitivos! Ah, Deus! Vivemos e trabalhamos tanto para alguns anos depois termos que encarar tal situação. Ah, é tão trágico.

Sim, fiquei na fila bastante tempo. A lama piorava tudo. Não uso mais sapatos furados, mas uso uns muito apertados e não posso calçar mais que um par de meias. Então não é nenhuma surpresa que meus pés estivessem congelando e eu, tremendo. Brrr. Finalmente... finalmente (não vou me deter

---

95. Os habitantes do gueto foram obrigados a coletar toda sua porção de carvão — vinte quilos por pessoa — entre 11 e 17 de março, para que o pátio de carvão no número 19 da rua Lagiewnicka pudesse ser esvaziado para a construção de barracões para fábricas de metal. Nesse período também foi anunciado que não haveria novas rações de carvão até 31 de maio. Um período tão curto para a coleta de carvão gerou filas enormes, ainda que o pátio ficasse aberto até as três horas da manhã.

muito nesse assunto) entrei no pátio. Eram 23h30. Encontrei Estusia, Minia e Cipka na frente de uma pilha de carvão (ah, elas tinham que trazer a Cipka). Chegamos em casa à uma da manhã. Vivi uma pequena aventura na rua. Na Praça Antiga, derrubei uma saca (vinte quilos) de carvão e não consegui pegar de volta. Ela estava furada e pedaços de carvão se espalharam para todos os lados. Eu estava andando sozinha, então resolvi esperar por Estusia. Ela não chegou. O que eu poderia fazer? Não tive escolha, fui obrigada a pegar uma agulha, um pedaço de linha e costurar o furo. Mas ainda assim não conseguia levantar a saca. Parecia que ninguém vinha de propósito. Um trenó teria sido útil. Já tinha esperado muito tempo por Estusia, então decidi puxar a saca. Avancei um pouco e... parei. Fui surpreendida por uma poça enorme. Tentei levantar a saca (não consegui), quando de repente ouvi Estusia me chamando. Ela estava me procurando por toda parte, não sabia onde eu estava. Foi para casa e me trouxe um trenó. Fomos dormir à 1h30.

Não estou me sentindo bem. Mas chega disso. Tenho que coletar mais quarenta quilos. Sim, eu vejo o quanto somos humilhados, como estamos distantes do resto da humanidade. Ah, Deus, como nossa vida é estúpida, sem esperança (não consigo encontrar uma expressão melhor) e miserável. Ah, Deus, quanta escuridão! Por favor, nos envie um raio de luz! Nos ajude! Somos tão miseráveis!

E agora vou falar sobre hoje. No domingo vamos ter uma atividade na escola. A sra. Kaufman escolheu Kornela Kopel, Estusia Borensztajn, Henia Wajsbaum (grupo II) e eu para organizar o programa e o prêmio. Ah, agora tenho que escrever para elas. Tenho tanto trabalho. Amanhã é quinta-feira. Por enquanto paramos com a costura, mas depois das provas continuaremos. Bom, tenho que escrever alguma coisa.

SEXTA-FEIRA - 17 DE MARÇO DE 1944

Estou muito ocupada com a atividade e não tenho mais tempo para meu diário. Ontem escrevi um poema em iídiche para a performance que vai ter na escola, mas provavelmente será recitado por Juta Alperin. Quero muito saber como isso vai funcionar (porque certamente as pessoas vão aplaudir), [mas] vão aplaudir quem? A sra. Kaufman disse que antes da declamação do poema eles vão anunciar que a autora sou eu, então aí já é um pouco diferente...

[...] Devo admitir que isso é um problema para mim, mas acho que é normal. Além disso, Juta não fala bem em público, ela recomeçou a ler tantas vezes... Mas o que eu posso fazer? É assim que as coisas são no mundo e eu tenho que aceitar. Me disseram para escrever um poema, me esforçar etc., e depois de tudo isso sou descartada? Se eu não falasse bem e Juta sim, então seria compreensível, mas não é o caso... Enfim, por que estou escrevendo sobre isso? Tenho que me livrar desse pensamento e parar de ser tão egoísta!

Por outro lado... Não sei se mais alguém se esforçou tanto quanto eu, escreveu tanto, e tudo isso acontece mesmo em casa... E agora? Nessa performance Kornelia vai ler o ensaio, mesmo que eu tivesse sido escolhida para decorá-lo para hoje. Bom... Não cheguei a ler para elas nem uma vez... Não vou estar mentindo se escrever que isso é INJUSTO.

Infelizmente, a injustiça aparece sempre para nos visitar neste mundo. Vou me acostumar com isso e não me decepcionar mais. Os cartões dos Wajskol foram desbloqueados.[96] Finalmente... Depois de cinco semanas. O pai delas deve estar com uma aparência péssima...

DOMINGO – 19 DE MARÇO DE 1944

A atividade acabou. Eu queria ficar para o próximo curso. Não sei, mas sempre passo pela mesma situação: independente de onde esteja, no início ninguém me conhece, e só mais tarde ou já no fim eu fico mais próxima das pessoas, como na escola. (Nosso grupo da Bnos é uma exceção; aqui fiquei próxima das outras meninas logo no início.) Hoje pedi a meu tio que conversasse com Szuster. Também irei com Prywa até Zemlówna. Para mim, é muito importante ficar na escola. Agora quero escrever sobre a atividade. A apresentação foi maravilhosa, em todos os sentidos — a fala dos convidados e a performance. Quando Juta terminou de declamar, a sra. Kaufman perguntou a ela (ainda que por acaso): "Quem escreveu?". "Rywcia Lipszyc", Juta

---

96. Provavelmente, os cartões de comida foram bloqueados porque algum membro da família não se apresentou para deportação. Na prática, ficar sem cartões de comida significava não poder retirar qualquer tipo de alimento nos estabelecimentos oficiais. Contava-se apenas com a ajuda de outros habitantes do gueto, embora tal ajuda certamente fosse pequena, em vista das rações escassas e do risco de punição caso isso fosse descoberto.

respondeu. Tive que ir até o meio e me apresentar. Não estou com paciência para escrever sobre isso...

Além disso, no Shabat teremos uma assembleia. Amanhã algumas meninas do nosso grupo vão se juntar às meninas mais velhas, porque é o *yartzheit* da morte da sra. S[arah] Szenirer.[97] E a Pessach está chegando... A Pessach está chegando. Infelizmente, não estou ansiosa pela Pessach como ficava antes da guerra (ou até mesmo durante a guerra). Fico horrorizada quando penso sobre isso, porque sem dúvida estaremos com fome. Essa festa sempre foi bem-vinda e muito esperada, já desta vez... Mesmo assim, queria que chegasse logo. Quem sabe? Quem sabe talvez seja melhor? Tem que ser melhor! Está na hora! Passou da hora! Estamos esperando pela primavera! Que ela chegue logo!

TERÇA-FEIRA - 21 DE MARÇO DE 1944

Por causa da fome, aqui no gueto as pessoas são roubadas quando estão no trabalho ou quando não estão em casa. Acontece conosco também. Infelizmente. Pensamos que já tínhamos nos livrado disso, mas estamos suspeitando de outra pessoa, porque "aquela pessoa" agora está trabalhando de manhã. Hoje fiquei em casa para o caso de alguém aparecer (ontem percebemos que algumas coisas tinham sumido). Eu fiquei na cama e cada barulhinho fazia meu coração acelerar. Imaginei muitas coisas (preciso dizer que também estava muito ansiosa), mas ninguém apareceu. Isso não significa, no entanto, que ninguém vai aparecer. Amanhã provavelmente ficarei em casa de novo, talvez pegue um atestado... mas... não tem como saber!

Devo admitir que suspeitamos de uma pessoa (agora não importa de quem). Ah, suspeitas são terríveis. Uma suspeita... Uma decepção. Ah, essas coisas são horríveis. Hoje na cama eu tive que ficar quieta, não podia me mexer. Não podia ler o tempo todo então fiquei pensando. Quando pensei que esse ato era como um assassinato — pior, um jeito lento de matar alguém,

---

97. Sarah Szenirer (1883-1935) criou uma rede de escolas Bais Yaacov afiliada ao movimento Agudas Israel de judeus ortodoxos e chassídicos. Essa data marcava seu *yahrzeit* (aniversário de morte, de acordo com o calendário judaico). Ela morreu em 1º de março de 1935.

fazendo-o morrer aos poucos —, quando pensei nisso, fiquei tão furiosa com "ele" ou "ela" que, se estivessem ao meu lado, os deixaria em pedacinhos. Instintos animais... Deus! Deus! O que aconteceu? Como podemos viver nesse atoleiro, nessa lama, nesse ar cheio de germes infecciosos! Me perguntei muitas vezes se a vida vale a pena. Felizmente, sei que, apesar de tudo, vale. Mas as vidas de tais pessoas são verdadeiramente inúteis. [...] Ah, é tão difícil, tão difícil, eu queria que isso se resolvesse para que eu pudesse me livrar dessa suspeita. Suspeitas são terríveis...

Minia diz que não tem vontade de viver. O que mais posso escrever? Talvez mais uma vez que isso é terrível. Tenho muito para escrever, mas hoje isso é mais importante. Chanusia acabou de voltar da oficina e disse que esse tipo de coisa está "na moda" agora.

QUARTA-FEIRA – 22 DE MARÇO DE 1944

Aconteceu como ontem. Eu deveria ter recebido um atestado médico, mas não recebi e não sei se vou receber. Não sei se vou trabalhar amanhã. De qualquer forma, tenho que ficar de guarda e o fato de que ninguém está aparecendo só significa que as rações estão chegando ao fim. Ah, estou tão cansada disso...

Cheguei a pensar que o tempo estava melhorando, mas agora a neve voltou. A primavera não está com pressa de chegar, por mais que estejamos esperando por ela. O que vai acontecer? É possível suportar mais tempo? Não consigo... De verdade, não consigo. Estou perdendo minha força (não necessariamente minha força interior), já chega. Estou tão fraca que às vezes nem sinto fome. É terrível (a fome costumava ter efeito sobre mim). Uma saia que foi feita para mim no início do curso (há alguns meses) está larga. Não estou exagerando... o que vai acontecer? O que vai acontecer? E além disso tudo — Pessach. Não sei. Deus! Deus! Nos mande alguma ajuda! Quando poderá mandar? Meu coração está se partindo... Meus pensamentos estão por toda parte... é impossível reuni-los... É o caos... tudo tem um péssimo efeito sobre mim. Sinto muita falta do calor, do amor e de um coração de mãe... Ah, como sinto falta! Estou com muito frio... Brrr... Muito frio! Sinto tudo tão apertado à minha volta, não sei para onde correr, me sinto tão mal! Você, meu diário, deve estar se sentindo mal também, porque tem de absorver tantas dores. [...]

Quero aguentar, permanecer firme e não perder o equilíbrio, mas isso exige uma força que infelizmente não tenho. Se ao menos tivéssemos nossas assembleias, eu poderia tirar um pouco de força de lá... E agora me sinto tão sozinha, tão desesperada *az ikh broykh nisim*![98]
Deus! Me ajude agora! Nos ajude agora!

QUINTA-FEIRA - 23 DE MARÇO DE 1944

Estou na oficina. Ninguém ficou em casa. Cipka veio comigo, não estão deixando as pessoas saírem, provavelmente há alguma comissão no gueto.[99] Ainda há certa inquietação. Ah... Ontem à noite eu estava me sentindo tão mal, tão doente! O que aconteceu comigo? Mudei tanto! Decidi não entregar meu diário a Surcia amanhã, porque ela ficaria chateada com tudo isso. Vou entregar na semana que vem, mas não sei, talvez dê a ela só depois de tudo... [...] Não podemos sair da oficina. Essa comissão deve ser muito importante.

SEXTA-FEIRA - 24 DE MARÇO DE 1944

Ontem Prywa e eu fomos até Zemlówna. Ela disse que conversaria com o irmão sobre meu pedido (ficar para o próximo curso). A mãe dela está em casa. Ela passou sete semanas no hospital e pude concluir pela nossa conversa que estava muito doente. Ficamos lá bastante tempo, até as 21h30. Ela nos contou muitas coisas sobre o hospital.

SÁBADO - 25 DE MARÇO DE 1944

Uma carta para Surcia:

Minha querida Surcia!
... Você diz que isso é amor (escrevi para Surcia que eu tinha um sentimento de afeto). *É possível. Eu amo? É possível! Mas devo amar*

---

98. "Que preciso de milagres!"
99. De acordo com um registro no periódico *Chronicle* datado de 23 de março de 1944, uma comissão de aproximadamente quarenta homens do Serviço de Defesa Antiaérea (*Sluzba Obrony Przeciwlotniczej*) chegou no gueto naquela data para visitar os empreendimentos mais importantes.

muito pouco, na verdade, porque quem poderia amar? Existem tão poucas pessoas que amo de verdade. Talvez... talvez eu ame, mas... alguém me ama? Com certeza poucas pessoas! Sim, depois da sua carta consigo ver com mais clareza. É isso que eu desejo — queria ter um lugarzinho aconchegante, cheio de amor. Queria oferecer meu amor porque sei que todos precisam disso. Sei o quanto preciso disso, o quanto desejo isso, então consigo me enxergar em diversas situações e entender o quanto o amor é necessário em cada uma delas. Estou dizendo a você, fiquei, e ainda estou, tão comovida quando li. Você não faz ideia.

E agora sobre as pessoas. Pensei nisso por muito tempo. (Agora, depois da sua carta, consigo ver com mais clareza.) Amo as pessoas! Sim, eu amo as pessoas, mas não cada pessoa separadamente, e sim todas elas juntas. Além disso, sinto tanto por elas. Sinto por elas porque elas veem e sabem tão pouco; porque são tão tacanhas (estou me referindo às pessoas do gueto); porque não se importam com o que fazem; porque são imprudentes. Não significa que essa seja minha opinião sobre todas elas, mas a maioria é assim. (Eu queria tanto ajudá-las!) [...] E você sabe que recentemente me decepcionei muito com as pessoas e ainda estou decepcionada. Isso faz com que eu seja mais desconfiada e cuidadosa (mal não vai fazer). Não confio nas pessoas. Quando conheço alguém, não ajo como normalmente agia, procuro conhecer melhor, saber que tipo de pessoa é. No início, sou só educada (se é que posso chamar assim) e depois... depende... Eu vejo (percebi) que as pessoas têm muitos defeitos e, em muitos casos, elas se machucam por isso. O egoísmo é uma dessas características prejudiciais. (Ah, querida Surcia, agora sinto o quanto gostaria de ajudá-las, porque vejo que as pessoas não notam certas coisas, não deixam que ninguém as instrua ou diga a elas o que fazer, e eu gostaria que elas ajudassem umas às outras.) É por isso que é tão difícil para mim. Não posso fazer nada, na verdade, mas espero que, no futuro, quando eu for mais velha, tenha alguma influência sobre as pessoas, espero conseguir. Mas não quero escrever sobre isso.

(Vejo que precisamos conversar, tenho tanto para escrever e para contar a você, mas percebo que por alguma razão isso não está dando certo.) Ah, querida Surcia, isso não quer dizer que eu me acho superior

a essas pessoas, não mesmo (*sou humana também*), mas falo com base nos fatos. Devo ter entediado muito você. Sinto que tenho algo para lhe contar do fundo do meu coração e... Não sei, não está funcionando... Por enquanto, boa noite, um beijo forte e sincero.
Sua querida Rywcia

Talvez amanhã eu visite as duas Dorkas doentes. Vamos conversar sobre as assembleias... Vou dormir. Boa noite!

TERÇA-FEIRA - 28 DE MARÇO DE 1944

Tenho pouco tempo. Ontem (o primeiro dia após recebermos as rações), Estusia ficou em casa, mas não aconteceu nada. Na noite passada estávamos assando *matzos*. Minia e eu enrolamos. No ano passado fizemos *matzos* também, mas que diferença entre as duas festas! Na passada, tínhamos mais farinha, mais força e até o clima estava diferente! Estava agradável e quente. E hoje? Ah, mais parece inverno! Tudo mudou! (Eles preveem um verão quente, espero que chegue logo, rápido!) Mas não vou perder meu tempo escrevendo sobre isso. Chegamos em casa às três horas. E por isso eu não fui trabalhar hoje. [...]

Finalmente, depois das quatro, Minia voltou. Descobri que ontem Rozenmutter conversou com o presidente e soube que eles precisam de pessoas para enrolar os *matzos* na padaria, que acabou de abrir. Era para Minia estar entre eles.[100] Ela deveria ter se apresentado na padaria (rua Pasterska, número 14) às seis horas com um bilhete que estava para receber. Mas até as seis ela não tinha recebido o bilhete e foi falar com Rozenmutter. Depois descobrimos que Dwojra estava com o bilhete. Quando Estusia trouxe para Minia, era tarde demais. Disseram para ela voltar no dia seguinte. Agora Minia, muito chateada, foi para uma cama e Chanusia, igualmente chateada, para outra.

---

100. Trabalhar em uma padaria era um privilégio especial no gueto. Nesse caso, funcionários de fábricas e oficinas eram enviados para trabalhar assando *matzos* por um período de dez dias, ou o quanto durasse a produção. Era especialmente útil durante a Pessach, quando a ração de *matzo* era de um a 1,2 quilo (em comparação à ração padrão de pão no gueto que era de dois quilos). Tal tarefa daria aos privilegiados um aumento significativo de comida durante o período.

Hoje foi tudo tão idiota para mim. Quanto à comida, não tenho ideia do que está acontecendo. Poderia ser coisa da nossa imaginação? Além disso, não nevou hoje. O sol está brilhando. Pedi a Deus que o mantenha assim... Talvez finalmente a primavera tão aguardada chegue! Espero que sim! Há cartas dos últimos deportados chegando. Eles dizem que estão bem etc., mas não acredito. Deus me livre! Eles podem ter sido forçados a escrever essas cartas.[101] Deus me livre! Que isso não seja verdade! Quem sabe?...

Ah, ontem peguei um resfriado terrível. Na primeira vez que levantei, quase caí. Apesar de tudo, dessa fome, estou ansiosa para a Pessach. Quero que a festa chegue o mais rápido possível. Ah, tenho tanto para contar. Afinal, esta é a primeira vez que estou escrevendo esta semana! Sim, mais uma coisa: nossa oficina vai mudar para a rua Mlynarska, número 25, e vou ter que caminhar mais para chegar. Quase todos estão felizes com a mudança, mas eu não [...] O quê? Devo terminar agora? Mas tenho tanto para escrever. Estusia quer a caneta. Há rumores de que as coisas vão melhorar. Ah, eu adoraria acreditar nisso, adoraria que tudo ficasse bem. Ah, pelo menos melhor, um pouco melhor, mais confortável...

Estou preocupada com a minha saúde (é claro que ninguém em casa sabe sobre isso). Estou abatida. Preciso de um pouco de vida, algo vital, concreto. Me sinto uma árvore solitária no campo, com tempestades e ventos ferozes em volta. A árvore está de pé e lentamente perde a força, mas consegue sobreviver, mesmo com outras árvores em condições melhores ao redor, porque seu organismo é forte. Preciso, quero acreditar que assim será. Mas não é tão fácil! [...] Vou dormir. Estou me sentindo muito mal! O que vai acontecer?

QUARTA-FEIRA - 29 DE MARÇO DE 1944

Hoje tenho que falar sobre isso. Mencionei que na carta para Surcia escrevi sobre um sentimento desconhecido; eu não sabia nomeá-lo, não o conhecia, era algo difícil de lidar para mim. Se não fosse pela Surcia, ainda não saberia. Mas ela me disse (esqueci de acrescentar: era um sentimento de afeto) que eu estava cheia de amor. (Respondi a carta dela no sábado à noite.) Ah,

---

101. As suspeitas de Rywka estavam certas. As cartas foram escritas por ordem dos alemães com o objetivo de acalmar os judeus no gueto.

como sou grata a Surcia. Sim, agora eu sei com certeza que é amor! Quando esse sentimento me domina, minha vontade é que tudo fique bem e esquente. Quando penso sobre isso, sou tomada por tanta ternura que... tenho vontade de chorar! (Infelizmente essa vontade é sempre reprimida, porque eu não choro, eu reprimo o choro.) Nesses momentos, gostaria de abraçar o mundo inteiro. Abraçá-lo, esquentá-lo. Nesses momentos, não fico com inveja se os outros estão indo bem, mas sinto pelos que sofrem. Ah, nesses momentos, esqueço completamente de mim mesma, como se eu não existisse. Nesses momentos, gostaria de fazer muitas coisas pelo mundo. Vejo muitos, muitos defeitos à minha volta e sinto tanto por não conseguir encontrar meu lugar. E quando percebo que não tenho importância no mundo, que sou apenas um grão de poeira, que não posso fazer nada, nesses momentos me sinto muito pior, me sinto sufocada e perdida...

Para aumentar minha coragem, digo a mim mesma: "Ainda sou nova, muito nova, o que mais ainda pode acontecer?". Mas o tempo está passando. É o quinto ano de guerra. Às vezes me pergunto: "O que me importa tudo isso? Por que estou tão interessada nisso tudo? Eu não faço nada no fim das contas". Mas depois sempre aparece uma vozinha sussurrando: "Ah, você faz!". E ela sempre ganha. [...] A única coisa que me dá coragem (como já mencionei antes) é a esperança de que não vai ser sempre assim e de que ainda sou nova. Talvez eu cresça e me torne alguém e então poderei fazer alguma coisa. Acredito e tenho esperança porque sou judia. E espero que essa esperança seja fundada em algo bem sólido. Deus, faça o tempo passar mais rápido. (Que tempo?)

... O tempo piorou, está ventando muito apesar de ontem o sol ter brilhado. Se não fosse a Pessach, eu pensaria que estamos em janeiro. Peguei um casaco de pele de carneiro emprestado de Prywa, porque estou com muito frio. Sim, Lola R[o]sset foi dispensada da cozinha, que pena!

QUINTA-FEIRA – 30 DE MARÇO DE 1944

Ontem, depois da sopa, estava com febre, definitivamente. Estava quase indo ao médico quando a sra. Kaufman pediu que Kornela, Estusia e eu fôssemos ao seu escritório. O que está acontecendo? Domingo na rua Zydowska haverá uma repetição da atividade, uma demonstração de habilidades. Nós (da rua Franciszkanska) devemos participar também e acrescentar nosso programa. Provavelmente, cerca de dez meninas do nosso grupo serão as representantes. Mas o mais importante é que temos que organizar um programa e levá-lo à rua Zydowska às quinze horas. Quando anunciamos isso na sala, houve uma rebelião. Por que só dez meninas? Quanto ao programa, as outras estão se preparando há semanas, e nós só soubemos na quarta-feira. Não queremos passar vergonha. Conversamos com a sra. Kaufman e tentamos convencê-la. No fim desistimos, mas a sra. Kaufman prometeu que tentaria descobrir se devia mandar mesmo só dez meninas ou se poderia mandar todas. Eu estava me sentindo péssima e não queria pensar sobre isso. [...]

Depois do trabalho, decidi medir minha temperatura. Se estivesse com febre, iria para casa sem nenhum "mas", embora fosse melhor ficar. [...] Desci para ver um médico e... quase caí na gargalhada. Ele me prescreveu alguns analgésicos, mas não tinha termômetro. No fim medi a temperatura no comitê para os doentes, estava com 38,5 graus. Ela caiu muito em poucas horas! [...] Às 15h30 eu já estava em casa. Não sabia o que tinha acontecido com Minia. Chanusia voltou depois das dezessete horas. Ela havia pagado pelos *matzos* e eles deveriam ter sido retirados no dia anterior. Eu disse a ela que não podia ir, porque não estava me sentindo bem, mas senti pena dela, que ficou na fila para pegar carne enlatada. Que surpresa! Ela acreditou em mim. Estusia também. Quase não fui à oficina hoje. Mas não posso faltar ao trabalho dia sim, dia não. [...]

Depois de tudo isso, gostaria que a Pessach fosse agora. Eu poderia descansar um pouco e talvez passear por aí, pelo menos em pensamento... Até algum lugar onde encontrasse conforto. Encontrar conforto?! Pelo menos por enquanto. Ou me agarrar à esperança. Ah, esperança, não me deixe! Ah, durante as festas, as assembleias e as aulas, tenho tantas coisas para fazer. Ah, quando penso no quanto preciso aprender, no pouco que sei, fico tão ansiosa para ter aula que... não sei.

SEGUNDA-FEIRA - 3 DE ABRIL DE 1944

Ontem trabalhamos muito! Principalmente Estusia e eu. À noite, assamos *matzos*. Graças a Deus, graças a Deus cem, mil vezes, pela mudança milagrosa no tempo! Ontem abrimos a sacada. Ah, que vontade de viver! É tudo tão diferente agora! No sábado levantei mais cedo (estava esperando Surcia), simplesmente não consegui ficar na cama. Um sangue novo corria em minhas veias. Juventude! Juventude cheia de vida! Alguma coisa em mim estava me chamando! (Meu poeminha teve algum efeito, afinal! Sexta escrevi um poema sobre a primavera.) Deus. Obrigada, obrigada por essa mudança milagrosa no tempo. Minha esperança está renovada. Ah, sério, não tenho palavras para agradecer a Deus! Queria que a Pessach fosse agora! Queria que o verão estivesse aqui! Queria... não sei. Só sei que quero viver! Quero viver!!! Ontem, quando estávamos assando os *matzos*, não estava tão frio. Ah, tudo isso! Estou com medo de que tudo isso acabe logo. Mas estou tentando afastar esse pensamento. Viver agora! Viver!

[...] Ah, eu quero viver! Eu quero cantar! Primavera! Querida primavera! (Não consigo me lembrar de um dia assim no meu diário. Ah, essa tinta horrível. Tudo parece uma palavra só! Pequena primavera! Pequena primavera!)

QUARTA-FEIRA - 5 DE ABRIL DE 1944

Por causa da Páscoa, há muita agitação. Mas nem tudo é positivo, infelizmente. Ontem aqueles que se inscreveram para retirar *matzos* não receberam pão.[102] Ou passam fome por alguns dias ou comem *matzos*. Bem, não é tão fácil ser judeu. Existem dificuldades a cada passo. E o clima é inconstante também, embora sem dúvidas esteja melhor, mas... Crianças que foram adotadas sempre recebem cupons, então Cipka e eu recebemos. O que exatamente vamos receber eu não sei, vamos descobrir hoje. Algumas cozinhas estavam registrando pessoas para a sopa de Pessach. Algumas meninas do nosso grupo vão embora às dez. Hoje vamos descobrir. Enfim! Eu queria que a Pessach fosse agora! Durante o feriado não vou saber aonde ir primeiro, à casa de Dorka Zand, da sra. Lebensztajn, de Dorka Borensztajn e... não sei, e agora... Fiz planos de escrever amanhã, mas não sei se vou poder ou se terei oportunidade.

Há três anos, as festas caíram nos mesmos dias. Foi a última festa, o último Seder com papai. Ah, o tempo passa tão rápido! Papai seria liberado do hospital para as festas. O Erev Peysekh,[103] como neste ano, caiu na sexta, então papai voltou quinta (que seria amanhã). Nós, as crianças, passamos o dia todo muito impacientes e toda hora íamos até a janela ou até a sacada para ver se

---

102. Entre 11 e 18 de março de 1944, foi possível receber das padarias *matzos* em vez de pão. Uma ração de pão correspondia de um a 1,2 quilo de *matzo*.
103. Véspera da Pessach.

tinha uma ambulância chegando. [...] Eu não conseguia ficar parada, lembro o quanto estava feliz porque papai estava voltando. Nós não podíamos entrar no hospital, então escrevíamos cartas e mamãe as levava até ele. Nas cartas dele, descobri o quanto nos amava. Deus! Talvez por causa dessa separação, por causa dessas cartas, eu o amava ainda mais.

No inverno, vi papai na janela do hospital. Ele estava alegre, conseguiu transferir a confiança que sentia para mim, disse que estava melhor e que logo nos veríamos. Eu vi com meus próprios olhos que ele estava melhor. Sim, foi por isso que acreditei em suas palavras. Eu também estava cheia de esperança e confiança. Mais tarde, papai piorou, o próprio hospital estava se degradando, mas mesmo assim ele viria para as festas.

Naquela quinta-feira não lembrei ou não quis lembrar que papai estava se sentindo muito pior do que no inverno. Eu estava muito feliz porque ele finalmente estaria em casa. Naquela época, eu só me lembrava de coisas boas, como de papai segurando minha mão no Yom Kippur, das cartas e das visitas. [...] À noite, finalmente a ambulância parou na frente do portão. Eu estava na sacada e por um segundo meu coração parou completamente. E então começou a bater com tanta força que pensei que meu peito fosse explodir. Eu não sabia o que fazer: se ficava parada ou corria até a porta. Não lembro exatamente o que fiz. Só sei que o tempo que meu pai levou para subir as escadas pareceu uma eternidade. Finalmente papai estava na sala e... Como eu fiquei decepcionada... Não era o mesmo pai que tinha visto na janela do hospital. Ele nem sorriu, não respondeu nossos cumprimentos. Estava chateado e visivelmente cansado. Queria deitar o mais rápido possível. Tivemos que sair de perto.

Deus! Que sentimento! Era noite, mas a luz ainda não estava acesa. Naquela escuridão, tudo parecia preto aos meus olhos. Eu simplesmente não via nada nem ninguém. Como uma pessoa embriagada, cambaleei até o outro cômodo. Sentia vontade de soluçar, mas não solucei. Fiquei em silêncio. Vários pensamentos passavam pela minha cabeça: qual era o problema com meu pai? Por que ele estava tão diferente? Eu não esperava por isso. [...] Fiquei falando para mim mesma que ele só estava cansado, mas fui tomada por uma ansiedade estranha. A ideia de que papai não estava pensando em nós me incomodava. [...] É verdade, mais tarde me acalmei em relação à mudança de papai. Até conversamos com ele, embora eu estivesse muito tímida, e em meu coração... havia uma dor, uma tristeza. Não sei, não sei como chamar isso. Tais sentimentos me desgastam, sugam minha energia. Fico incapaz de fazer qualquer coisa. Quando papai pediu uma xícara de chá, levei para ele com muita dificuldade. Tive que levar porque ficaria feio ser desobediente sendo que ele estava vindo do hospital. No dia seguinte, tentei fazer tudo certo, embora ele estivesse muito chateado. Tentei fazer durar cada momento bom e não irritá-lo. Ah, ninguém jamais vai saber como foi difícil para mim e como eu estava me sentindo "fria". Mas ninguém sabia. [...] Me fechei em mim mesma. Ninguém conseguia arrancar nada de mim. Afinal, ninguém nem desconfiava que eu estivesse preocupada. Ah, como eu estava precisando de uma palavra gentil, como eu queria ficar sozinha com papai. Eu queria que ele fosse como era no passado. Sentia falta de tudo aquilo e me sentia tão perdida, tão perdida.

Depois de alguns dias, papai recuperou a alegria e o bom humor, mas não havia mais espaço para que eu realizasse meu sonho. Estávamos todos muito felizes por estar no mesmo ambiente que papai. Não conversamos muito, mas trocamos olhares. Ah, aqueles olhares! Eu não conseguia dizer nada, nem mesmo que eu queria que ele melhorasse, nada... Absolutamente nada. Estava muito esquisita. Mas eu queria, queria. Só Deus sabe, porque não contei a ninguém.

Ah, agora estou me lembrando de tudo. Hoje já não posso sequer olhar para papai, só para a foto dele. Nunca mais verei papai vivo, nunca o verei vivo de novo, nunca mais. Deus! Como é terrível! Este será o terceiro Seder sem papai e o segundo sem nenhum homem. No ano passado, tia Chaiska estava aqui, e hoje... Hoje é Estusia quem está. Ah, isso é tão trágico! Se ao menos Abramek estivesse aqui também! Ah, Deus, justamente na Pessach, no Seder, será quando papai fará mais falta. Ah, ele fará tanta falta...

SEXTA-FEIRA - 7 DE ABRIL DE 1944

Ontem fiz a coisa certa: escrevi. Mas vamos direto ao ponto: Deus não abandona. *G-t farlozt nisht. Ven me tut zikh nisht fablozn un s'geyt zer in dem ver zol ophitn helft G-t!*[104] Além dos cupons (para crianças adotadas),

---

104. O aforismo, em iídiche, parece truncado. Parece dizer: "Deus não abandona. Se não nos desesperamos e se observamos [a Torá], Deus ajuda!".

recebemos um cupom do rabinato.[105] Cupons maravilhosos! É tarde, tenho que terminar meu café da manhã!

TERÇA-FEIRA - 11 DE ABRIL DE 1944

Tenho tanto para escrever que não sei por onde começar. Bom, não importa. É o segundo dia de festa. Como foi o primeiro dia? Como foi o Seder? O Seder? Como poderia ter sido?! *Nebekh!*[106] Ah, a ausência de papai tornou nossa vida miserável. O Seder sem papai, mas não só sem papai, sem nenhum homem...

No ano passado também não havia homens, mas nossa tia estava aqui. Ela substituía os homens porque era adulta e sabia muito. Mas e hoje? Ela já se foi. O Seder foi celebrado por Estusia. É verdade que ela se saiu muito bem, mas... Ah, esse "mas" é tão triste! Deus, eu estava assim tão em falta para me punir com tanta severidade? Tenho amigas na oficina que têm pais, mas seus pais não celebram o Seder. Mas por quê? Eu poderia ter celebrado o Seder, se ao menos papai... Ah, Deus! É assim que as coisas são no mundo!

Se meu pai tivesse celebrado o Seder, eu teria ficado tão feliz! Outras pessoas ainda têm pais (são sortudas), mas não querem saber do Seder. Depois do segundo Seder fiquei tão triste! Ah! Queria cair no choro. Só de pensar que papai nunca mais vai celebrar o Seder para nós, nunca. É o terceiro ano e eu ainda não consigo aceitar essa ideia. Papai nunca mais vai celebrar o Seder para nós. É tão doloroso. Machuca tanto! [...] Rezei para Deus para que o próximo Seder seja celebrado por Abramek... [...]

Além disso, ontem (segunda) as pessoas não trabalharam nas oficinas. Foi um dia de folga.[107] Nós coletamos o resto do carvão, ou melhor, os

---

105. Não havia mais rabinato oficial no gueto de Lodz depois de setembro de 1942. No entanto, algumas funções rabínicas, como celebrar casamentos, foram assumidas pelo próprio Rumkowski. O trecho acima pode ser uma referência a uma parte da administração de Rumkowski que distribuía cupons para judeus religiosos devotos, que eram considerados dignos de um privilégio extra. Rywka e a irmã receberam um cupom provavelmente devido à conexão de sua família com o falecido rabino Segal e outros rabinos locais anteriores.
106. "Uma pena!"
107. O periódico *Chronicle* do dia 8 de abril de 1944 se refere aos dois dias de folga (domingo, dia 9, e segunda, dia 10 de abril): "Os departamentos de trabalho foram informados pelo Escritório Central, Centro Comercial de Baluty, que o domingo e a segunda de Pessach serão dias livres de trabalho. Este será o primeiro caso na →

briquetes. À noite, houve uma assembleia na casa da sra. Milioner. Haverá cursos para as meninas mais velhas e para as mais novas. Ah, que ânimo. É preciso admitir que o tempo tem seus efeitos.

Obrigada, Deus, pela primavera! Obrigada por esse ânimo! Não quero escrever muito sobre isso, porque não quero estragar, mas vou mencionar uma palavra significativa: esperança!

Além disso, provavelmente receberemos um pedaço de terra.[108]

Para as festas, Chanusia tirou uma licença por doença e ficou em casa, e ontem tive muitas coisas para fazer por causa das rações de sopa dela. Tivemos uma assembleia no domingo. Estou tão feliz. Talvez as coisas melhorem; será que finalmente ficará tudo bem? Ah, quero isso o mais rápido possível! Ah, essa animação. Parece estar contagiando a todos. De certa forma, é por causa dessa mudança maravilhosa no clima. Sim, não tenho dúvidas. [...] Somente o Senhor sabe do que precisamos e... Ah, Deus, nos dê aquilo de que precisamos! Nos dê!

(Ah, a chuva de verão está caindo!)

QUARTA-FEIRA - 12 DE ABRIL DE 1944

Ah, o tempo está tão bonito! Bonito! Bonito! Ah, estou tão feliz, esse é um consolo tão grande...

Ontem Prywa e eu fomos visitar Zemlówna. Não está definido ainda, mas espero que tudo seja resolvido, se possível. Já se passou quase um mês desde as provas. Não só não trabalhamos para produzir nada como vamos até lá só quando queremos, saímos quando queremos e cuidamos de nossos problemas particulares como queremos. Liberdade, paraíso. Ah, seria ótimo se isso durasse mais tempo (pelo menos durante as festas). Mas quem sabe?

→ existência do gueto em que as pessoas não irão trabalhar nos dois dias. Além disso, hoje o turno de trabalho terminará ao meio-dia. As pessoas não têm ideia de como essa instrução deve ser interpretada. [...] Na verdade, o que está em jogo é que desta vez os senhores responsáveis pela Administração do Gueto querem ter folga na Pessach, e a população do gueto não tem nada a temer em relação a isso".

108. No gueto, cada pedaço de solo era usado para plantar vegetais e frutas. A maioria das plantações era na área de Marysin, onde antes da guerra havia hortas e lotes de terra. As famílias podiam receber um lote para plantar com a obrigação de fornecer vegetais para a comunidade, mas com o privilégio de ficar com uma porção. Devido à escassez de comida, todos ansiavam pelos lotes de plantação.

Esses são assuntos da oficina e não há tempo para debatê-los agora (só não quero trabalhar com as máquinas no verão).

Ontem à noite eu estava indo para casa. Depois de ver Zemlówna, Prywa e eu visitamos Fela Dzialowska. Nos inscrevemos para os cursos e decidimos nos afiliar à biblioteca. Vai ser melhor que o clube de leitura. Acho que Bala vai nos ajudar. Eu queria que desse certo! Por causa disso, quando estava andando para casa percebi o quanto a juventude é bela. Se eu tivesse um pedaço de papel, teria escrito alguma coisa. Mais tarde, me lembrei da "Ode à juventude" e por coincidência tinha exatamente esse volume do Mickiewicz comigo.[109] Em momentos como este, quero tanto viver. Há menos tristeza, mas ao mesmo tempo estamos mais cientes de nossas circunstâncias miseráveis, nossas almas estão tristes e... é preciso muita força para não desistir. Olhamos para este mundo maravilhoso, esta bela primavera, e ao mesmo tempo nos vemos no gueto, privados de tudo; não temos a menor alegria, porque, infelizmente, somos máquinas com instintos animais bem desenvolvidos. Eles são visíveis por toda parte (principalmente durante as refeições). Tudo isso nos afeta tanto que ficamos cada vez mais enfadados. Ao olhar para nós, é possível ver quanto esforço fazemos para ter uma vida diária melhor, em que...

Por que devo escrever sobre isso? Eu quero, quero tanto. Quando percebo que estamos privados de tudo, que somos escravos, tento deixar esse pensamento de lado para não estragar esse pequeno momento de alegria. Como é difícil! Ah, Deus, quanto tempo mais? Acho que somente quando formos libertados desfrutaremos de uma primavera de verdade. Ah, que saudade da querida primavera...

Primeiro, srta. Hania (do escritório) nos informou que os nascidos em 1926 e 1927 poderiam trabalhar dez horas e receber *Lang*. Mas precisariam de um documento do Departamento de Registro indicando sua data de nascimento. Desconfio que ninguém vai se inscrever. Por enquanto, estou feliz com esses acontecimentos, porque nasci em 1927, mas na verdade...[110]

---

109. Adam Mickiewicz (1798-1855), poeta nacional polonês, foi o autor de "Oda do mlodosci" [Ode à juventude].
110. Rywka, na verdade, nasceu no dia 15 de setembro de 1929. Não fica claro por que ela diz que nasceu em 1927. Pode ter se enganado, ou estava pensando em dar uma data de nascimento falsa para se inscrever para o turno longo de trabalho e receber as rações complementares que vinham com ele.

Até 1900, os judeus constituíam quase um terço da população e metade dos homens de negócios em Lodz.

FRED ROSENBAUM

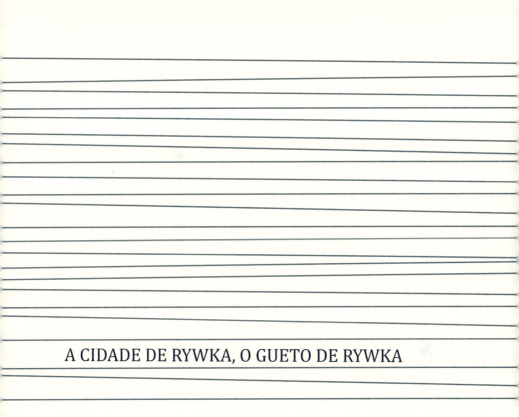

A CIDADE DE RYWKA, O GUETO DE RYWKA

Fred Rosenbaum

A CIDADE NATAL DE RYWKA LIPSZYC, LODZ, se tornou o gueto mais isolado e oprimido de toda a Europa ocupada pelos nazistas. Mas antes da Segunda Guerra Mundial, e mais ainda durante o meio século que antecedeu a Primeira Guerra, a metrópole tinha uma merecida reputação de pluralismo cultural e dinamismo econômico. De 1865 a 1914, quatro grupos étnicos coexistiram ali, e a população cresceu dezessete vezes.

Durante essa era de ouro, a comunidade judaica constituía um importante fio na rica tapeçaria multicultural de Lodz. A cidade fazia parte do Império Russo desde 1815, mas os judeus conquistaram direitos políticos básicos na Rússia em 1862, e a partir daí a oportunidade comercial surgiu rapidamente. Judeus industriais como Israel Poznanski, um pioneiro na substituição do tear manual pelas máquinas a vapor, foram essenciais para tornar Lodz um dos principais centros têxteis da Europa.[1] Outras famílias, como os Rosenblatt, Ginsberg, Konstadt e Jarocinski, também foram importantes fabricantes de tecido, e havia ainda líderes judeus nos setores bancário, imobiliário, de serviços e de transporte de mercadorias.

Em 1900, os judeus constituíam quase um terço da população e metade dos homens de negócios de Lodz. Interagiam com poloneses, certamente, mas também com as outras duas principais minorias: os alemães étnicos,

---

1. Essa saga é narrada em detalhes pelo grande romancista iídiche I. J. Singer, em seu livro *Os irmãos Ashkenazi*, de 1936 (Nova York: Penguin, 1993). O ganhador do Prêmio Nobel Wladyslaw Remont, em *A Terra Prometida*, também faz um panorama social de Lodz durante a Revolução Industrial, a partir de três personagens principais: um alemão, um judeu e um polonês.

conhecidos como *volksdeutsche*, e os russos. Relações entre diferentes etnias eram relativamente boas para a Europa Centro-Oriental, pois dessa forma nenhum grupo tinha status majoritário. Os poloneses eram o maior grupo, mas os judeus, alemães e russos eram mais numerosos coletivamente.[2] As comunidades não se misturavam socialmente, mas a tolerância em geral prevalecia e as quatro línguas — polonês, iídiche, alemão e russo — eram ouvidas nas ruas e nas lojas.

Depois da Primeira Guerra Mundial, Lodz se tornou parte de uma nova República da Polônia. Com a fuga dos russos e a emigração de muitos *volksdeutsche*, o equilíbrio demográfico deslocou-se em favor dos poloneses. Após 1918, eles eram maioria inquestionável e — depois de mais de um século de domínio estrangeiro — finalmente os donos da própria casa. Ainda assim, a população de mais de 250 mil judeus continuou correspondendo a quase um terço da cidade. Considerando os chassídicos, ortodoxos, bundistas e folkistas, e todo tipo de sionistas e assimilacionistas, Lodz era o lar da segunda maior comunidade judaica da nova Polônia e, em tamanho, perdia apenas para Varsóvia.

Principalmente depois da morte, em 1935, do chefe de Estado da Polônia Josef Pilsudski, que durante seu governo de nove anos buscou proteger as minorias nacionais, o antissemitismo se intensificou em Lodz, assim como no restante da Polônia. Ele emanava do governo, da Igreja e de grupos nacionalistas. Mas Rywka Lipszyc, nascida em 1929 e estudante de uma escola judaica tradicional para meninas, foi sem dúvida protegida de boa parte do ódio e da discriminação contra os judeus. Sua infância girava em torno da família de rabinos respeitados, das amigas e dos estudos, e provavelmente ela se sentia bastante segura.

Mas quando Hitler invadiu a Polônia em 1º de setembro de 1939, o mundo como Rywka o conhecia chegou ao fim. Na primeira semana da Segunda Guerra Mundial, a Wehrmacht invadiu Lodz, que ficava a menos de 160 quilômetros da fronteira alemã. Poloneses e *volksdeutsche* imediatamente tiraram vantagem da nova ordem, atacando e humilhando judeus nas ruas.

---

2. A religião coincidia em grande parte com a etnia, mas havia exceções, como os alemães católicos e os poloneses protestantes. Mais informações em: Julian K. Janczak, "The National Structure of the Population in Lodz in the years 1820-1939", em Antony Polonsky (Org.), *Polin: Studies in Polish Jewry* (Portland, 2004), v. 6, p. 25.

A sinagoga na rua Wolborska em Lodz.

Dentro de um ou dois dias da ocupação alemã, as casas e empresas judaicas foram saqueadas. Os judeus religiosos, em especial, foram alvo de abusos, e arruaceiros tinham prazer em cortar as barbas dos ortodoxos, como aconteceu com o tio de Rywka, Yochanan Lipszyc, chefe da corte rabínica de Lodz, e com seu sogro, o rabino Moshe Menachem Segal.[3]

Outros tiveram de suportar situações muito piores. O pai de Rywka, Yankel, foi espancado pelos alemães. Não se sabe se por soldados ou *volksdeutsche*, mas os ferimentos que sofreu contribuíram para sua morte um ano e meio depois.

Os eufóricos *volksdeutsche*, talvez 10% da população de Lodz em 1939, provavam sua lealdade ao Reich fazendo a saudação nazista e exibindo a suástica em cartazes e bandeiras pela cidade. Tinham privilégios especiais, enquanto os direitos dos judeus iam sendo rapidamente retirados. Suas contas bancárias foram congeladas e suas fábricas e lojas, confiscadas. Todas as sinagogas foram fechadas e os judeus foram banidos de parques, teatros e do transporte público. Eles não podiam sequer andar na rua Piotrkowska, a avenida mais elegante de Lodz, onde antes da guerra boa parte das lojas pertencia à comunidade judaica. Os alemães exigiam que os judeus usassem as estrelas de davi amarelas, na frente e nas costas de suas roupas, o que ajudava os novos governantes a fiscalizar o rígido toque de recolher. Qualquer judeu que estivesse nas ruas entre as cinco da tarde e as oito da manhã era preso.

Durante o estado de emergência oriundo dos tempos de guerra, diversos centros de distribuição de alimentos foram espalhados pela cidade, e os habitantes eram obrigados a formar filas enormes para receber os mantimentos mais básicos. Nesses casos, a crueldade e o preconceito também prevaleciam: mesmo após esperar várias horas, muitas vezes os judeus eram retirados das filas e agredidos pelos poloneses e *volksdeutsche*.

Diante de tanta hostilidade e do perigo que os invasores nazistas representavam, dezenas de milhares de judeus de Lodz fugiram para o leste. Muitos esperavam chegar à Polônia Oriental, invadida pelo Exército Vermelho no dia 17 de setembro e anexada pela URSS como resultado de um protocolo

---

3. Mais informações em: *Encyclopedia of Jewish Communities in Poland I*, disponível em: <http://www.jewishgen.org/Yizkor/pinkas_poland/pinkas_poland1.html>.

A rua Piotrkowska se tornou Adolf-Hitler-Strasse após Lodz ser ocupada pela Alemanha nazista.

secreto do pacto Molotov-Ribbentrop de não agressão, assinado pelos dois governos totalitários um mês antes. Com o transporte público interrompido, os fugitivos levavam seus pertences em carroças ou seguiam a pé, carregando a bagagem nas costas. No verão de 1941, alguns judeus foram pegos pela rede nazista logo depois de chegar à URSS.

Ainda assim, a maioria dos judeus de Lodz, incluindo a família de Rywka, optou por ficar em suas casas, mas a situação foi piorando cada vez mais. Embora a maior parte do restante da Polônia ocupada pelos alemães tenha sido designada um protetorado, governado pela força militar mas ainda assim "lar dos poloneses", o destino de Lodz seria diferente. Devido a sua importância estratégica, à presença significativa de alemães étnicos e ao fato de um dia ter sido parte do reino da Prússia, Lodz e grande parte da área a oeste da cidade foram anexados pelo Reich e incorporados à Alemanha.

Uma parte importante do plano, que não foi mantida em segredo por muito tempo, era alterar o equilíbrio demográfico pela segunda vez em uma

O presidente do Conselho Judeu Mordechai Chaim Rumkowski (de cabelos brancos) em cerimônia no gueto de Lodz.

geração, trazendo os *volksdeutsche* de outras partes da Polônia pré-guerra com o objetivo de criar uma maioria alemã.[4] Quatro novas províncias alemãs foram criadas na Polônia ocidental, e Lodz foi atribuída a uma delas, Wartheland, cujo nome faz referência ao rio Warthe. Os novos governantes baniram os poloneses das escolas e dos teatros e também mudaram o nome de todas as ruas do polonês para o alemão. A importante rua Piotrkowska, por exemplo, virou Adolf-Hitler-Strasse. O próprio nome da cidade foi mudado para Litzmannstadt, em homenagem a Karl Litzmann, o general alemão que tomou Lodz dos russos durante a Primeira Guerra Mundial. Mesmo os judeus adotaram rapidamente o novo nome da cidade, e Rywka inicia cada entrada de seu diário com a palavra Litzmannstadt, seguida da data.

A anexação formal significava que Lodz seria subjugada não apenas pela ss, mas também pela Gestapo e pela Kripo, a agência de investigação criminal. A sede da Kripo, que ficava em uma casa de tijolos aparentes, foi apelidada de Casinha Vermelha, mas era conhecida entre os judeus de Lodz como um lugar de tortura e assassinatos.

---

4. Gordon J. Horwitz, *Ghettostadt: Lodz and the Making of a Nazi City*. Cambridge, MA; Londres, 2006, p. 36.

No entanto, o controle de forma geral não vinha diretamente das autoridades alemãs. Durante quase meia década, os habitantes de Lodz foram responsabilidade de um ditador judeu, uma espécie de "Rei dos Judeus", como foi apelidado em um romance histórico sobre sua vida.[5] Chaim Rumkowski, que tinha pouco mais de sessenta anos e era ex-chefe de um orfanato judeu, era visto com frequência como uma figura paternal, com seus cabelos brancos, mas na realidade era egoísta e sedento pelo poder. Ele circulava pela cidade em uma elegante *droshky* (carruagem) preta e recebia homenagens dos mais diversos grupos, desde crianças até trabalhadores das fábricas. Seu retrato estava pendurado em quase todos os edifícios públicos.

No dia 13 de outubro de 1939, Rumkowski já havia sido nomeado presidente (tecnicamente o título era *aelteste*, que significa "superior na hierarquia") de um *Judenrat* de trinta homens, uma organização similar aos conselhos judeus que os alemães estabeleceriam para fazer cumprir seus decretos por toda a Europa centro-oriental. Mas em Lodz, diferente de quase todos os outros lugares, os demais membros do *Judenrat* — que representavam o espectro mais amplo da vida política e religiosa da comunidade judaica — foram logo purgados, deportados ou mortos. Apenas Rumkowski permaneceu no comando. Ele supervisionava uma burocracia enorme no gueto, que em seu ápice empregava mais de 10 mil pessoas; ordenava a impressão da moeda — conhecida como *rumkis* e sem valor em qualquer outro lugar — e de selos postais com sua imagem; e supervisionava o departamento de bombeiros, o sistema judicial e até mesmo o departamento da polícia judaica, com mais de mil homens armados com cassetetes de borracha.[6] Mais tarde, passou a compilar a lista de deportados, detendo, assim, o poder sobre a vida e a morte de qualquer judeu em Lodz.

Mas se os judeus ficavam todos sob responsabilidade de Rumkowski, é claro que ele respondia aos alemães. Não há dúvidas de que ele tentou aliviar o sofrimento dos judeus — ele acreditava que tinha grandes qualidades de liderança, muito necessárias durante a crise —, mas não raro a selvageria dos nazistas o pegava de surpresa. Em meados de novembro de 1939, apenas dois

---

5. Leslie Epstein, *King of the Jews*. Nova York: Other Press, 1979.
6. Lucjan Dobroszycki (Org.), *The Chronicle of the Lodz Ghetto, 1941-1944*. New Haven: Yale University Press, 1984, p. xlviii.

meses após o início da nova ordem, as duas mais belas sinagogas de Lodz, uma reformista e outra ortodoxa, foram incendiadas. Mas antes de atear fogo nesta última, os alemães obrigaram o rabino Segal, parente distante de Rywka, a vestir *tallis* e *tefillin* e profanar pergaminhos da Torá.[7] Uma série de sinagogas menores, capelas e salas de estudo também foi incendiada. A terrível destruição dos locais sagrados ocorreu apenas um ano depois do *Kristallnacht*, quando centenas de sinagogas foram incendiadas na Alemanha em uma única noite. Para os judeus de Lodz, esses acontecimentos em sua cidade foram um indício excruciante do que significava viver no Reich — e da fraqueza absoluta de seu presidente diante dos alemães.

No mês seguinte, em dezembro de 1939, o choque dos judeus de Lodz foi ainda maior com o decreto que criou a guetização e afetou todos os habitantes. Cartazes anunciavam que, dentro de dois meses, no dia 8 de fevereiro de 1940, todos os judeus — que ainda eram 175 mil, mesmo que muitos já tivessem fugido — seriam obrigados a viver em uma área que mal cobria quatro quilômetros quadrados. A segregação era ainda pior do que o confinamento imposto aos judeus europeus meio milênio antes. Os guetos medievais e do Renascimento eram fechados à noite, mas abriam durante o dia para negócios e outros contatos entre judeus e não judeus. Os guetos nazistas ficariam fechados o tempo todo.

Lodz foi um dos primeiros dos duzentos guetos estabelecidos pelos invasores e seria o de maior duração. Por ser o único grande gueto "em solo alemão",[8] também era o mais impenetrável. Os alemães demoliram todas as casas que ficavam na fronteira, criando uma espécie de "terra de ninguém" entre a cerca de arame farpado e o lado ariano. A polícia especial alemã, a *Schutzpolizei*, conhecida como *Schupo*, patrulhava o perímetro com ordens de atirar em qualquer judeu que se aproximasse da cerca. Como resultado, centenas de pessoas foram mortas independentemente de estarem ou não tentando escapar.

O gueto de Varsóvia, estabelecido no ano seguinte, se tornaria mais conhecido, principalmente devido à revolta histórica ocorrida em maio de 1943.

---

7. Mais informações em: *Encyclopedia of Jewish Communities in Poland I*, disponível em: <http://www.jewishgen.org/Yizkor/pinkas_poland/pinkas_poland1.html>.
8. "Anonymous Girl: Lodz Ghetto". In: Alexandra Zapruder, *Salvaged Pages: Young Writer's Diaries of the Holocaust*. New Haven e Londres: Yale University Press, 2004, p. 227.

Ruínas da sinagoga na rua Wolborska.

Por outro lado, no gueto de Lodz, que não tinha sequer sistema de esgoto, era quase impossível contrabandear armas e alimentos ou até mesmo fugir. Fechado no dia 30 de abril de 1940, lá não se recebia correspondências, jornais ou pacotes do mundo exterior. Não havia contato por telefone ou telégrafo, e desde o início ter um rádio era considerado um crime capital.

Mas o gueto não era apenas isolado. Era degradante. Os alemães haviam escolhido concentrar os judeus em uma das piores favelas da Europa. Baluty, um bairro do extremo norte da cidade que havia sido incorporado recentemente, não tinha nem iluminação pública. Cortiços frágeis ficavam ao lado de armazéns e fábricas, em becos sinuosos e sem pavimentação. Não havia qualquer preocupação com saneamento, ventilação ou risco de incêndio. A região era cheia de insetos, doenças e crimes; era um reduto de traficantes de drogas, prostitutas e ladrões. Antes da guerra, a expressão "ser de Baluty" era sinônimo de ser um degenerado.

A cerca ao redor do gueto de Lodz e uma placa em alemão.

Logo no início, Rumkowski concluiu que a única chance de sobrevivência — ou seja, de evitar a morte lenta pela fome ou a deportação para o leste — da população judaica era se tornar útil para os alemães. "Nosso único caminho é o trabalho", declarou repetidas vezes. Ele tirou vantagem da extensa infraestrutura industrial em Baluty e dos muitos artesãos habilidosos para fazer do gueto um centro de produção essencial para a Alemanha. Em certo sentido, foi bem-sucedido: nas mais de cem fábricas, os judeus de Lodz produziram diversos bens que permitiram que o gueto sobrevivesse depois da liquidação da maioria de seus semelhantes, incluindo os guetos de Varsóvia e Cracóvia. O presidente respondia para o administrador-chefe alemão Hans Biebow, um empresário duro e corrupto com seus trinta e tantos anos. Biebow enviava os produtos finalizados a preços reduzidos para a Wehrmacht e para companhias privadas alemãs, desviando parte do lucro para si e para seus comparsas no processo. Se Rumkowski levantasse quaisquer objeções quanto às ordens de Biebow, era espancado pelo homem, muito mais jovem que ele.

No início, Rywka trabalhava em um escritório de contabilidade para a administração do gueto. Mas, pouco depois de começar seu diário, em outubro de 1943, ela escreve que pretendia usar seus contatos pessoais (em hebraico, a *protectzia*, algo de valor inestimável no gueto) para pedir transferência para

Meninas e mulheres na oficina de costura no gueto de Lodz.

uma grande oficina de vestuário e roupas de cama na rua Franciszkanska. A oficina estava sob a direção de um empregador benevolente, Leon Glazer, e pelo menos um pouco de boa sorte cruzou o caminho da órfã que tinha sofrido tantos traumas nos dois anos anteriores.

A maioria das escolas foi fechada no gueto de Lodz depois de 1941, mas a oficina de Glazer era uma alternativa a essa situação. As centenas de crianças trabalhadoras, dentre uma força de trabalho que totalizava cerca de 1500 pessoas, tinham aulas para aprender a usar as máquinas e a fazer roupas. No início, os jovens trabalhadores também tinham aula de hebraico e matemática. Havia assembleias escolares e peças de teatro, e os alunos montaram uma biblioteca. Os adolescentes produziram até mesmo um livro impressionante chamado *A lenda do príncipe*. É um poema longo e ricamente ilustrado, em que a opressão da vida diária no gueto de Lodz é mascarada na forma de uma fábula infantil.[9]

---

9. Irena Kohn, "The Book of Laughter and Unforgetting: Countersigning the Sperre of 1942 in the Legend of the Lodz Ghetto Children". *Partial Answers: Journal of Literature and the History of Ideas*, v. 4, n. 1, pp. 41-78, jan. 2006.

Nesse aspecto, a experiência de Rywka foi uma exceção. Poucos dos trabalhadores explorados em Lodz tinham oportunidade de ser tão criativos, e menos ainda recebiam treinamento educacional. No geral, os trabalhadores ficavam exaustos, desnutridos e frequentemente doentes. As condições de trabalho eram atrozes, e o gueto de Lodz era como um campo urbano de trabalho forçado. Rywka era grata por estar aprendendo um ofício, mas mesmo assim chegou a se queixar, em fevereiro de 1944, de que as disciplinas acadêmicas já não estavam mais sendo ensinadas. A menina de catorze anos também estava infeliz com o tédio que era fabricar roupas e se irritou especialmente com o fato de ser obrigada a trabalhar no Shabat.

Rywka se beneficiava muito com a sopa do meio-dia, servida na oficina de Glazer assim como em muitas outras fábricas, mas a comida foi um problema fundamental desde o início. Só no ano de 1941, mais de 2 mil judeus de Lodz morreram de inanição.[10] E no fim do mesmo ano, o gueto ganhou mais bocas para alimentar devido à chegada de dezenas de milhares de judeus: profissionais com alto nível de escolaridade vindos de cidades grandes como Berlim, Viena e Praga que o Reich removeu para Lodz. Como essas pessoas geralmente possuíam joias e outros itens de valor, a chegada dos judeus do oeste aumentou bruscamente o preço da comida no mercado negro. Cupons de ração eram distribuídos para os trabalhadores, mas a ingestão média de calorias no gueto era de apenas dois terços do necessário para o simples funcionamento do corpo humano, isso sem contar o esforço de trabalho.[11] Em 1942, a taxa de inanição mais que dobrou em relação ao ano anterior e, depois das doenças cardíacas, era a principal causa de morte no gueto.[12]

A comida era da pior qualidade, mas mesmo assim a escassez de alimentos de qualquer espécie criou uma nova hierarquia social. Rações complementares eram distribuídas para aqueles que faziam turnos mais longos ou trabalhos noturnos e para os que tinham habilidades especiais ou ocupavam os postos mais altos. Algumas vezes, cupons extras iam para aqueles que vinham de famílias mais importantes, como a de Rywka, cujos tios haviam

---

10. Isaiah Trunk, *Lodz Ghetto: A History*. Bloomington: Indiana University Press, 2006, p. 208.
11. Walter Laqueuer e Judith Tydor Baumel, *Holocaust Encyclopedia*. New Haven: Yale University Press, 2001, p. 260.
12. Isaiah Trunk, op. cit., p. 208.

sido rabinos proeminentes e cujo avô, Chaim Eliyahu Meisel, tinha sido rabino-chefe de Lodz no século XIX. Mas com ou sem os cupons extras, a desnutrição era predominante e frequentemente jogava membros da família uns contra os outros. A tensão entre Rywka e suas primas por causa disso é muito evidente em seu diário.[13]

As doenças também estavam por toda parte. A tuberculose, que Rywka cita, era muito recorrente, e a disenteria, o tifo e a pneumonia também eram pragas do gueto. É evidente que era muito difícil obter medicação para qualquer doença, e os habitantes de Lodz geralmente depositavam sua fé em receitas caseiras cujos ingredientes iam de casca de batata a vitaminas sintéticas conhecidas como Vigantol; acreditava-se que ambos tinham poderes de cura milagrosos. Durante a existência do gueto, quase um quarto dos residentes morreu de inanição ou por doença.[14]

Ainda assim, o maior perigo de todos era a deportação. No inverno de 1942, dezenas de milhares de judeus considerados inaptos para o trabalho pela administração de Rumkowski receberam convocações — "convites de casamento", na gíria do gueto — para se apresentar às autoridades. Ninguém sabia o que os deportados enfrentavam, mas a maioria imaginava que era algo ainda pior que o gueto, como o trabalho nas minas. Outros alimentavam o medo de que seriam executados, e a morte era de fato o destino da maioria dos expulsos por Rumkowski e pela polícia judaica. Grande parte dos deportados foi assassinada em Chelmno, a menos de 65 quilômetros de Lodz, um protótipo dos campos de extermínio mais elaborados que seriam criados posteriormente. As pessoas eram intoxicadas em grandes caminhões-baú com monóxido de carbono bombeado através de um tubo conectado ao cano de escape.

Em setembro de 1942 aconteceram as deportações mais cruéis, quando outros milhares de judeus foram levados de suas casas — incluindo os idosos, doentes arrastados de suas camas de hospital e, o mais terrível de tudo, as crianças com menos de dez anos, que muitas vezes eram arrancadas dos

---

13. Entre muitos exemplos, podemos citar: Eva Libitzky e Fred Rosenbaum, *Out on a Ledge: Enduring the Lodz Ghetto, Auschwitz, and Beyond* (River Forest: Wicker Park, 2010, pp. 81-2). Uma trabalhadora de vinte anos do gueto rouba uma fatia de pão da mãe doente, mas logo é tomada pelo remorso.
14. Raul Hilberg, *The Destruction of the European Jews*. Nova York; Londres: [s.n.], 1985, p. 96.

braços das mães. Esse *szpera*, ou toque de recolher geral (*shpere* em iídiche, *gehsperre* em alemão), impactou Rywka para o resto da vida, uma vez que seus dois irmãos, Abramek, de dez anos, e Tamarcia, de cinco, estavam entre os deportados. Como era a filha mais velha da família, Rywka vinha sendo uma mãe substituta para os irmãos. Mas, tendo ainda menos de treze anos na época, não pôde impedir a deportação. Seu diário, iniciado mais de um ano depois do *szpera*, evoca repetidamente seus sentimentos de culpa, saudade e raiva em relação a essa perda. Sua irmã Cipka, de nove anos, por algum motivo não foi capturada e se tornou muito preciosa para Rywka, que dividia uma pequena habitação com ela e suas três primas mais velhas na rua Wolborska, próximo à fronteira sul do gueto.

No início do *szpera*, Rumkowski, ele próprio viúvo e sem filhos, discursou para mais de mil habitantes do gueto em uma praça pública central, implorando-lhes: "Deem-me seus filhos!". Mesmo em uma situação extrema, ele achava que seu discurso estava correto: "Preciso cortar os membros para salvar o corpo. Entreguem em minhas mãos essas vítimas para que possamos evitar mais vítimas". O presidente conhecido por sua arrogância agora chorava abertamente e declarava-se um "judeu partido". Nessa circunstância, ele lembrou a todos que já tinha dirigido um orfanato e admitiu que não sabia como sobreviveria ou onde "encontraria forças".[15] Mas quando um homem na multidão gritou que cada família deveria ser deixada com pelo menos um filho, Rumkowski não se comoveu. "Irmãos e irmãs, entreguem--nos a mim", exigiu.[16]

Alguns pais escondiam os filhos enquanto outros tentavam subornar as autoridades. Mas aqueles que simplesmente se recusavam a se separar das crianças eram baleados. A revista foi realizada pela polícia judaica, mas outros trabalhadores do serviço público do gueto, todos judeus, também participaram. Os filhos e pais desses trabalhadores ficaram isentos da deportação. De acordo com o historiador Isaiah Trunk, a "orgia de assassinato", que durou uma semana e se iniciou no dia 5 de setembro de 1942, resultou em 15 859 deportações para o centro de extermínio em Chelmno e no mínimo

---

15. Chaim Rumkowski, "Give me your Children!". In: Alan Adelson e Robert Lapides (Orgs.), *Lodz Ghetto: Inside a Community Under Siege*. Nova York: Penguin, 1989, pp. 328-31.
16. Ibid., p. 331.

Mulheres e crianças em lados opostos de uma cerca de arame no gueto de Lodz.

em seiscentas mortes a tiro no gueto.[17] Ao fim da operação, cerca de 90 mil judeus permaneceram em Lodz. Quase todos tinham um filho ou pai entre as vítimas do *szpera*.

Enquanto a tristeza e a privação invadiam o gueto, ele continuou a ser um importante centro de produção para os alemães por ainda quase dois anos. Mas na primavera de 1944, com o Exército Vermelho há apenas 145 quilômetros dali, na margem oriental do Vístula, Berlim tomou a decisão de liquidar os judeus de Lodz enquanto ainda tinha oportunidade. De meados de junho até meados de julho daquele ano, mais de 7 mil judeus foram enviados de trem a Chelmno e mortos em câmaras de gás. Mas a aniquilação em maior escala aconteceu no mês de agosto. Mais de 67 mil judeus, incluindo o próprio Rumkowski, foram colocados em trens com destino a Auschwitz, onde a maioria foi morta apenas algumas horas após a chegada. Em Lodz, muitos judeus se esconderam, se aventurando a procurar comida à noite, mas a polícia judaica, com a ajuda do departamento de bombeiros, recebeu a incumbência de apreendê-los.[18]

---

17. Isaiah Trunk, op. cit., p. 247.
18. Eva Libitzky e Fred Rosenbaum, op. cit., p. 96.

Judeus sendo deportados do gueto de Lodz.

As autoridades foram extremamente bem-sucedidas, e no fim de agosto apenas 1500 judeus ainda estavam no gueto.[19] Alguns trabalhavam em uma oficina de roupas ainda em funcionamento, mas a maioria trabalhava diretamente para os alemães, classificando os bens que os deportados tinham deixado para trás. Durante um período de cinco anos, uma comunidade de quase 250 mil pessoas foi quase totalmente erradicada. Os soviéticos entraram em Lodz em janeiro de 1945 e identificaram apenas 877 sobreviventes.[20]

---

19. Isaiah Trunk, op. cit., p. 267.
20. "Anonymous Boy: Lodz Ghetto". In: Alexandra Zapruder, op. cit., p. 368.

Rywka, sua irmã e as três primas deixaram Lodz juntas no início de agosto de 1944, em um vagão originalmente para transporte de gado, com destino a Auschwitz. Cada deportado podia levar até vinte quilos de bagagem pessoal. Entre os pertentes de Rywka estava seu diário.

Fred Rosenbaum é diretor fundador da Lehrhaus Judaica, a maior escola de educação judaica para adultos do oeste dos Estados Unidos, e autor de diversos livros.

Como o caderno sobreviveu desde a chegada de Rywka a Auschwitz-Birkenau, passando pelo rígido inverno polonês, até a primavera de 1945?

JUDY JANEC

O QUE ACONTECEU COM RYWKA LIPSZYC?

Judy Janec

A última passagem do diário de Rywka Lipszyc foi escrita em abril de 1944. Sabemos que ela foi deportada para Auschwitz durante o extermínio do gueto de Lodz, no final do verão de 1944 — afinal, o diário foi encontrado lá. Mas como o caderno sobreviveu desde a chegada de Rywka a Auschwitz-Birkenau, passando pelo rígido inverno polonês, até a primavera de 1945, quando foi encontrado pela médica soviética Zinaida Berezovskaya?

Inúmeros relatos de sobreviventes do Holocausto nos contam que, quando os deportados chegavam a Auschwitz-Birkenau, tinham dois destinos possíveis. Rywka poderia ter sido selecionada para a câmara de gás e morrido imediatamente ou poderia ter sido poupada para se tornar parte da vasta força de trabalho escravo dos nazistas. Em qualquer um dos casos, todos os seus bens lhe seriam tirados. Uma vez que suas coisas, incluindo seu diário, tivessem sido coletadas, provavelmente seriam levadas a Kanada, o depósito de Auschwitz-Birkenau. Lá, outros prisioneiros do campo de concentração analisavam as roupas, embrulhos e malas que chegavam com o objetivo de separar qualquer coisa que pudesse ser útil para o esforço de guerra nazista.

Alguém no Kanada poderia ter encontrado o diário de Rywka e decidido escondê-lo ou ficar com ele? Ele poderia ter sido escondido de propósito perto dos crematórios para que algum dia fosse encontrado? Para encontrar respostas para o mistério de Rywka e seu diário, historiadores e arquivistas espalhados pelo mundo uniram seus esforços entre 2008 e 2013.

Depois que Rywka foi identificada por Ewa Wiatr, que transcreveu o diário, em 2009, procurei no Banco Central de Dados de Vítimas da Shoah do Yad Vashem por quaisquer registros relativos a Rywka. Os nomes nesse banco de dados foram compilados a partir de registros históricos e de testemunhos enviados por familiares, amigos e pesquisadores que buscavam preservar a memória de indivíduos que morreram no Holocausto. Encontrei documentos sobre Rywka Lipszyc e seus familiares mais próximos em um registro pós-guerra de habitantes do gueto de Lodz. Após o diário ter sido traduzido para o inglês em junho de 2011, decidi visitar de novo o banco de dados do Yad Vashem, para ver se uma nova pesquisa, dois anos mais tarde, poderia render mais informações. Assim encontrei um registro que nunca tinha visto e que dizia que Rywka tinha morrido em Bergen-Belsen aos dezesseis anos! Ele era baseado em duas páginas de testemunho enviadas por Minia Boier (Boyer), uma em 1955 e outra em 2000. Minia foi identificada como prima de Rywka, e certamente era a mesma Minia mencionada com frequência no diário da garota.

O testemunho de 2000 indicava que Minia vivia perto de Tel Aviv, na comunidade religiosa de Bnei Brak. Entrei em contato com a dra. Anita Friedman, diretora executiva do Jewish Family and Children's Services, para alertá-la a respeito da possibilidade de que uma das primas mencionadas no diário de Rywka ainda pudesse estar viva. Dra. Friedman estava em Israel à época e imediatamente entrou em contato com a família. Não só Minia, mas Esther (Estusia no diário), a prima mais velha, também estava viva. Quanto poderíamos aprender ao conversar com alguém que conhecia Rywka, ainda mais sendo as primas com quem ela tinha vivido e suportado tantas coisas! E que descoberta surpreendente para as primas ouvir, depois de tantos anos, sobre a existência do diário.

Foi por meio de conversas com a filha de Minia, Hadassa, que descobrimos o que tinha acontecido com Rywka, sua irmã Cipka e suas três primas depois que chegaram a Auschwitz em agosto de 1944. Cipka foi imediatamente selecionada para a câmara de gás e Rywka foi separada dela. Assim, tragicamente Rywka Lipszyc ficou sem nenhum parente mais próximo.

Junto com as três primas, Rywka foi enviada para Christianstadt, um campo para mulheres próximo a Gross-Rosen. Depois de meses de trabalho pesado, elas marcharam até Bergen-Belsen. Essas jovens, que tinham entre quinze e 22 anos, haviam sobrevivido ao gueto de Lodz, a Auschwitz, a Christianstadt, a uma marcha para Bergen-Belsen, e três delas ainda veriam sua libertação pelas tropas britânicas em abril de 1945. (Chanusia, a prima do meio, morreu de tifo no campo.) De acordo com o testemunho de Minia, foi em Bergen-Belsen que Rywka morreu.

Ao mesmo tempo que fazíamos essa descoberta, solicitações de documentação sobre o destino de Rywka eram enviadas ao Museu Memorial do

Holocausto, nos Estados Unidos, e ao Serviço Internacional de Busca, assim como a inúmeros outros arquivos, incluindo o site do Memorial Bergen-Belsen. O nome de Rywka foi identificado em uma lista de liberados de Bergen-Belsen (ver p. 186), mas seu nome não estava na lista de mortos, um fato que Bernd Horstmann, responsável pelos registros, considerou estranho. Acreditava-se que era mais ou menos sabido por todos quem havia morrido após a libertação.

Com a ajuda de Steven Vitto, do Museu Memorial do Holocausto, nos Estados Unidos, um registro de deslocados de guerra (ver p. 187) em que Rywka aparecia foi encontrado entre os documentos do Serviço Internacional de Busca, compilados após a guerra pela Cruz Vermelha Internacional e pela Administração das Nações Unidas para Auxílio e Reabilitação. Esse vasto banco de informações contém 50 milhões de registros, que documentam 17,5 milhões de vítimas do nazismo, incluindo as de campos para deslocados de guerra. O registro encontrado trouxe novas questões e mistérios. Ele era datado de 10 de setembro de 1945 e foi preenchido no campo de trânsito de Lübeck. Assim, parecia que Rywka não tinha morrido em Bergen-Belsen, mas sobrevivido por meses após a libertação. Um bilhete escrito à mão no registro de deslocados de guerra indicava que ela havia sido transferida para um hospital em Niendorf, a cerca de trinta quilômetros ao norte de Lübeck, no mar Báltico, no dia 25 de julho de 1945.

Cópias dos registros das primas (ver p. 187) mostram que elas também foram enviadas para Lübeck, mas seus registros são datados de 5 de julho de 1945, quase três semanas antes que o de Rywka. As primas foram de Bergen-Belsen para o campo de trânsito de Lübeck e depois para a Suécia, para onde milhares de sobreviventes do Holocausto foram enviados a fim de receber tratamento e se recuperar após a guerra. Rywka, aparentemente, foi transferida mais tarde, provavelmente para Niendorf.

Outras pesquisas do Serviço Internacional de Busca encontraram um documento com uma lista de pacientes hospitalares transferidos para o hospital de Niendorf no dia 23 de julho de 1945, por estarem "muito doentes para serem evacuados para a Suécia". O nome de Rywka Lipszyc estava nessa lista (ver p. 188).

Mas por que as primas pensavam que Rywka tinha morrido em Bergen-Belsen? Minia disse à filha que, antes de ela e a irmã serem enviadas à Suécia para recuperação, visitou Rywka no hospital em Bergen-Belsen, e o médico disse a ela que Rywka morreria em alguns dias. Foi a última vez que Minia e Esther souberam de Rywka.

Rywka morreu mesmo no hospital de Niendorf? Para ter certeza, teríamos que encontrar documentos sobre sua morte. E até que fosse comprovada, ainda havia esperança de Rywka ter sobrevivido. Bernd Horstmann sugeriu que entrássemos em contato com Timmendorfer Strand, a municipalidade que inclui Niendorf. Arquivistas disseram que o hospital de Niendorf não existia mais e que não havia menção a Rywka nos registros do município ou do cemitério.

Entrei em contato com os arquivos municipais de Lübeck e nenhuma menção a Rywka Lipszyc foi descoberta, apesar das extensas pesquisas. Mais mensagens e solicitações foram enviadas ao Serviço Internacional de Busca e ao Museu Memorial do Holocausto, nos Estados Unidos, mas nenhum material foi descoberto em nenhum dos arquivos. Escrevi para os Arquivos Nacionais da Suécia, para o caso de Rywka ter retornado ao campo de trânsito de Lübeck e depois ter sido enviada à Suécia. Nenhuma menção a seu nome foi encontrada lá também.

Bernd Horstmann sugeriu que, como o hospital de Niendorf não existia mais, poderíamos tentar contato com um hospital militar britânico, mas ao me comunicar com os Arquivos Nacionais do Reino Unido descobri que o Exército britânico não mantinha registros permanentes sobre os indivíduos dos campos de deslocados de guerra que foram montados na Zona de Ocupação Britânica após o fim da guerra. Esses registros tinham sido transferidos para o Serviço Internacional de Busca.

Uma menção ao hospital de Niendorf foi encontrada em uma carta escrita por Bertha Weingreen, assistente social da Unidade de Socorro Judaica, e publicada no banco de dados acadêmico "Post-War Europe: Refugees, Exile and Resettlement, 1945-1950" [Europa pós-guerra: refugiados, exílio e reassentamento, 1945-1950]. Ela escreveu que o hospital era administrado pelo fundo Save the Children e que muitos pacientes judeus que morreram lá foram enterrados no cemitério judaico em Lübeck. No entanto, arquivistas da Universidade de Birmingham, onde ficam os registros institucionais do Save the Children, não conseguiram encontrar mais informações sobre o hospital. Um membro da comunidade judaica de Lübeck nos forneceu uma lista de nomes dos deslocados de guerra enterrados lá, mas não constava o nome de Rywka. Junto com funcionários de inúmeros arquivos na Alemanha, procuramos mas não descobrimos nenhuma menção a Rywka nos registros de pessoas deslocadas ou de pedidos de indenização.

O que mais poderíamos fazer para descobrir o que aconteceu com Rywka? Decidimos entrar em contato com o editor do *Lübecker Nachrichten*, o jornal local, e pedir a ele que publicasse um artigo sobre Rywka, o diário e nossa pesquisa. O texto foi publicado no dia 19 de fevereiro de 2012. Nenhuma informação nova chegou imediatamente, mas uma aluna de estudos judaicos da Universidade de Potsdam, Daniela Teudt, ofereceu ajuda. Daniela nasceu em Lübeck e escreveu sua tese sobre os judeus de lá. Cheia de entusiasmo, familiarizada com a região e estudiosa da história judaico-alemã local, ela propôs que consultasse os arquivos da área e fizesse uma pesquisa mais profunda para descobrir o destino de Rywka. Assim, ela comparou a lista dos enviados ao hospital de Niendorf com a lista dos enterrados em Lübeck e descobriu que, das nove meninas na lista do hospital, cinco estavam no cemitério judaico em Lübeck. Mas não Rywka.

Em outubro de 2012, embarquei em uma jornada e segui os passos de Rywka de Lodz a Auschwitz, depois a Bergen-Belsen, a Lübeck e a Niendorf. Pesquisando em arquivos locais, estudando registros, visitando cemitérios e memoriais, esperava descobrir algumas respostas para o mistério do destino de Rywka.

LODZ

Comecei pelo mesmo ponto de partida de Rywka, Lodz. Encontrei Ewa Wiatr, minha primeira parceira na busca e tradutora do diário do polonês para o inglês, e seu colega Adam Sitarek. Visitamos as localidades do antigo gueto. A casa de Rywka, na rua Wolborska, número 38, fora demolida havia muito tempo, e em seu lugar tinha um prédio residencial. Descobri que a rua Wolborska era muito próxima à fronteira sul do gueto e que todas as construções que ficavam em frente à casa de Rywka, incluindo uma das belas sinagogas de Lodz, foram destruídas pelos nazistas para proteger o restante da cidade das doenças que se espalhavam por ali.

Visitamos o local da oficina onde Rywka trabalhava — a Wäsche und Kleider Abteilung —, na rua Franciszkanska, números 13/15. Vimos o prédio onde ela morava antes de o gueto ser criado e também o de suas primas. A área do gueto tinha pouquíssimos vestígios dos anos terríveis enfrentados pela

Cemitério judaico em Lodz, 2012.

Ruínas do crematório III, onde membros do Sonderkommando enterravam manuscritos. Auschwitz-Birkenau, 2012.

comunidade judaica entre 1940 e 1944. Visitamos a estação Radegast, o terminal de onde Rywka, Cipka e as primas partiram para Auschwitz-Birkenau.

Fomos até o cemitério judaico de Lodz — o segundo maior cemitério judaico do mundo —, onde 160 mil pessoas estão enterradas. O espaço é magnífico, cheio de histórias e mistérios. As seções mais antigas estão cobertas de árvores e vegetação, e foi difícil imaginar o cemitério completamente sem plantas, como Ewa me disse que era no passado. (Durante os anos de existência do gueto, a comunidade cortou todas as árvores para usar como combustível.) O campo do gueto, que abriga aproximadamente 43 mil sepulturas, fica em uma seção separada. Embora aqueles que foram enterrados lá tenham morrido sob circunstâncias difíceis — por ferimentos, doenças e desnutrição —, cada pessoa foi honrada com uma sepultura individual. Para encerrar a visita de maneira assustadora, vimos quatro covas perto do muro do cemitério que foram feitas pelos habitantes remanescentes do gueto e seriam usadas como vala comum. A chegada das tropas libertadoras soviéticas mudou o destino daqueles homens.

Os Archiwum Panstwowe w Lodzi (arquivos públicos de Lodz) detêm 1 milhão de documentos dos anos 1940-4, o que torna Lodz um dos guetos mais bem documentados da era nazista. Microfilmes dos registros, avisos, certificados, cartões de identificação, documentos de habitação e trabalho, licenças por doença e centenas de fotografias oferecem esclarecimentos sobre os diversos aspectos da vida diária daqueles que moravam e trabalhavam no gueto de Lodz. Lá, encontrei um documento novo relacionado a Rywka, referente a seus benefícios como criança órfã (ver p. 189).

AUSCHWITZ E BERGEN-BELSEN

No início do nosso trabalho, Robert Moses Shapiro mencionou que o diário de Rywka poderia ser um dos manuscritos enterrados pelo Sonderkommando. Vítimas do que Primo Levi chamou de "o crime mais demoníaco do nacional-socialismo",[1] os integrantes do Sonderkommando eram prisioneiros obrigados a acompanhar os judeus às câmaras de gás, remover seus corpos para os crematórios e dar fim a suas cinzas. Isolado do restante

---

1. Primo Levi, *The Drowned and the Saved*. Nova York: Summit, 1988, p. 53.

do campo, o Sonderkommando trabalhava sob pressão psicológica, emocional e espiritual indescritível.

Sabendo que também estavam condenados à morte, alguns membros do Sonderkommando escreviam sobre suas experiências e, como uma tentativa de deixar provas dos crimes nazistas, guardavam os manuscritos em latas e os enterravam no solo próximo ao crematório III. Muitos desses papéis foram descobertos depois da guerra. O primeiro, escrito por Zalmen Gradowski, que morreu durante a revolta do Sonderkommando em outubro de 1944, foi descoberto por Shlomo Dragon, ex-membro do grupo, que levou os investigadores soviéticos a ele. No total, oito manuscritos foram recuperados entre 1945 e 1981.

Quase todos os textos achados foram escritos por membros do Sonderkommando, mas uma das vítimas, Zalmen Lewental, também enterrou um material diferente: um diário escrito no gueto de Lodz por um adulto. Antes de enterrá-lo, o sr. Lewental escreveu um bilhete, datado de 14 de agosto de 1944, e envolveu o diário nele. Descobertos em 1961, o manuscrito e o bilhete estavam muito danificados pela umidade, mas foi possível compreender que a mensagem se referia a outros manuscritos e terminava com as palavras "Procurem mais! Vocês encontrarão outros".[2]

O diário de Rywka poderia ser um desses manuscritos a que ele se referia? Visitei o dr. Wojciech Plosa, responsável pelo arquivo do Museu Estadual Auschwitz-Birkenau em Oswiecim, na Polônia. Depois de ver cópias do diário de Rywka e o artigo de jornal que Zinaida Berezovskaya guardava com ele, dr. Wojciech Plosa concordou que era provável que o diário de Rywka tivesse sido o nono manuscrito do Sonderkommando recuperado.

O diário de Rywka ficou em Auschwitz-Birkenau, mas ela não. Após meses de trabalho pesado no campo de concentração Christianstadt, Rywka e as primas foram enviadas a Bergen-Belsen. Foi lá que, em abril de 1945, após anos de fome, sofrimento e perdas, Rywka foi libertada. Ela pôde vivenciar sua libertação; sua internação em um hospital, onde recebeu cuidados; e, sobretudo, a saída de Bergen-Belsen. Conheci Bernd Horstmann no memorial

---

2. Robert Moses Shapiro, "Diaries and Memoirs from the Lodz Ghetto in Yiddish and Hebrew". In: *Holocaust Chronicles: Individualizing the Holocaust Through Diaries and Other Contemporaneous Personal Accounts*. Hoboken: KTAV, 1999, p. 106.

da região; andamos pelo local e passamos pelas valas comuns cheias de corpos. Os que morreram continuam ali, no silêncio do campo. Chanusia, prima de Rywka, está entre eles.

LÜBECK

Lübeck era o lugar onde eu esperava saber mais sobre o destino de Rywka. Visitas aos arquivos de lá, no entanto, não revelaram novas informações. Todos os registros relativos a pessoas deslocadas não mencionavam judeus. Também visitei o cemitério judaico de Lübeck em Moisling, na periferia da cidade. Era lá que os mortos no hospital de Niendorf haviam sido enterrados. Em um canto distante desse cemitério escondido ficavam as lápides de 87 judeus que morreram entre 1945 e 1950. Andamos por ali prestando atenção em cada nome. A maioria dos mortos era polonesa e tinha entre dezesseis e 24 anos; havia algumas crianças. Foi nesse canto solitário que locali-

Seção do cemitério judaico em Lübeck, Alemanha, onde 87 sobreviventes do Holocausto foram enterrados entre 1945 e 1950.

zei as sepulturas de cinco meninas que acompanharam Rywka ao hospital em Niendorf, mas morreram lá: Tusela Muschkatenblum, Bella Goldberg, Halina Burgztyn, Celina Milstein e uma jovem que aparecia como surda-muda na lista. A sepultura de Rywka não estava entre elas.

Continuamos a pesquisa no cemitério municipal de Lübeck e em outros da região: em Travemunde, Timmendorfer Strand, Niendorf e Neustadt. Apesar de termos encontrado uma placa de identificação judaica; sepulturas de vítimas da tragédia do *Cap Arcona*;[3] lápides de prisioneiros de guerra poloneses e holandeses; vítimas desconhecidas de campos de concentração; e soldados alemães, não encontramos nada a respeito de Rywka Lipszyc.

Paramos no porto de Travemunde, o lugar de onde sobreviventes do Holocausto, como as primas de Rywka, eram enviados para a Suécia, atravessando o mar Báltico. E finalmente visitamos um hospital que poderia ter o que estávamos procurando. Construído em 1911, funcionou como hospital de 1938 a 1948 e atualmente abriga instalações para mães e crianças. Parte do sistema de saúde nacional alemão é operada pelas Irmãs Franciscanas do Mártir São Jorge. Lá, ninguém sabia nada sobre como o hospital funcionava no passado, entre julho e agosto de 1945, quando Rywka possivelmente estaria internada.

LONDRES

No fim, minha pesquisa me levou a Londres, onde explorei registros na Biblioteca Wiener e nos Arquivos Nacionais. Eu estava procurando qualquer informação relativa às atividades no hospital em Bergen-Belsen em junho e julho de 1945, às transferências para a Suécia via Lübeck, ou aos hospitais militares britânicos no estado alemão de Schleswig-Holstein e em Niendorf. Aprendi muito sobre os esforços heroicos do exército britânico para salvar a vida de sobreviventes muito doentes, mas não encontrei nada que esclarecesse o destino de Rywka.

Depois de anos de pesquisa e de um grande esforço coletivo de arquivistas e historiadores ao redor do mundo, a solução desse enigma continua um mis-

---

3. No dia 3 de maio de 1945, o navio alemão *Cap Arcona*, que transportava sobreviventes dos campos de concentração, foi bombardeado pela força aérea britânica e afundou no mar Báltico. Aproximadamente 4 mil prisioneiros morreram no ataque.

tério. Mas sempre há novos caminhos a explorar. Continuaremos nossa busca por essa jovem sobrevivente e esperamos um dia encontrar a resposta sobre o que aconteceu com Rywka Lipszyc.

Se algum leitor tiver informações que possam ser úteis em nossa busca por Rywka Lipszyc, por favor entre em contato com o Jewish Family and Children's Services' (JFCS) Holocaust Center, 2245 Post Street, San Francisco, Califórnia, 94115 (www.jfcs.org).

Judy Janec foi diretora da Biblioteca Tauber Holocaust e dos Arquivos do JFCS Holocaust Center em San Francisco de 2004 a 2013.

дом Кройцбург. Противник потерял убитыми до 4 тысяч солдат и офицеров.

* * *

Юго-восточнее города Штаргард наши войска с боями продвигались вперед. Советские пехотинцы, при поддержке артиллерии, прорвали оборону

соединения окружили и ликвидировали группировку противника, состоявшую из эсэсовских пехотных и охранных подразделений. Захвачено много пленных, автомашин и вооружения.

За день боев на различных участках наши войска подбили и уничтожили 84 танка и самоходных орудия противника.

ил 30 не... рейтор Ме... ницы из ...ротивотанково... ружья подбил ...егковую маш... ну и убил немецкого офиц... пытавшегося спастись бе... ством.

* * *

Юго-западнее города Кра... наши войска вели наступател... ные бои. Противник, укреп...

Под покровом ночи

РАЙОН БОЕВ, 8 февраля. (По телеграфу от нашего спецкорр.). Штурмовая группа, которой командует старший лейтенант Кушнарев, под покровом ночной темноты внезапно атаковала немцев, засевших в домах селения Н. Так как наблюдение велось целый день, смельчакам удалось забросать гранатами именно те здания, где сидели гитлеровцы.

Девять немцев были убиты, 15 захвачены в плен.

Отличны...

В нашей части все бойцы офицеры хорошо знают име... на шоферов Шемякина и Бай... ло. Это — лучшие водител... части. Каждый из них лю... бовно ухаживает за свое... машиной, своевременно про... изводит профилактически... ремонт, экономит горючее.

ОСЬВЕНЦИМ. Чтобы скрыть следы страшных преступлений, немецкие палачи взорвали невинных людей.
На снимке: Взорванное здание одного из крематориев в лагере Биркенау.
Фото Д. М...

Адрес редакции: полевая почта

Da edição de 9 de fevereiro de 1945 do *Lenin's Flag*, um jornal do exército soviético. Zinaida Berezovskaya escreveu uma nota ao lado da fotografia das ruínas: "Foi aqui que encontrei o diário em junho de 1945".

Zinaida Berezovskaya, a médica do Exército Vermelho que descobriu o diário de Rywka nas ruínas dos crematórios de Auschwitz-Birkenau em junho de 1945; foto de 1943.

NATIONALITY	SEX	NAME	CHRISTIAN NAME	DATE OF BIRTH	LAST ADDRESS
HUNGARIAN	FEMALE	EIHORN	IBOLYA	12-5-1928	Budapest 14 AUG 1945
POLISH	"	KAROLEWSKA	HELENA	8-9-1902	Warsaw
POLISH	"	SZACHOWICZ	JANINA	12-4-1921	Warsaw
POLISH	"	ZIGMUNT	ANTONINA	13-1-1900	Warsaw
POLISH	"	LUDA	SOFIA	15-2-1919	Sosnowic
RUMANIAN	"	GOLDBERGER	IDA	1-3-1918	Bihor-Biosek
POLISH	"	JAKUBOWSKA	ANNA	7-7-1910	Warsaw
POLISH	"	RISZAK	JANINA	20-3-1916	Warsaw
POLISH	"	RACZYNSKA	MARIA	29-3-1913	Warsaw
POLISH	"	STENDEN	HALINA	25-9-1908	Warsaw
HUNGARIAN	"	KLEIN	SZARI	26-12-1919	Sasregen
POLISH	"	SITKOWSKA	KAROLINA	1895	Warsaw
HUNGARIAN	"	GERSCH	MAGDA	8-6-1923	Sasregen
POLISH	"	LENARTOWICZ	STANISLAWA	31-10-1914	Warsaw
POLISH	"	NEUMAN	RACHELA	20-9-1925	Lodz
Russian	"	SOKOLEWSKA	MIRJA	28-10-1924	Kamionice
POLISH	"	KOSYNIEWICZ	STANISLAWA	10-3-1919	Warsaw
POLISH	"	NADROWSKA	JADWIGA	4-3-1903	Warsaw
RUMANIAN	"	FISCHMAN	HELI	26-4-1928	Marmoros-Siget
CZECH	"	SCHULTZ	MARGIT	11-7-1923	Kosarno
RUMANIAN	"	LEIBOWICZ	LUIZA	6-11-1923	Sotmar
CZECH	"	LEIBOWICZ	SZANA	21-11-1928	Jassina
CZECH	"	KNOULL	HELENA	15-5-1920	Jassina
POLISH	"	MALOYGA	HALINA	29-12-1925	Miszynice
CZECH	"	HAUER	DOROTHEA	10-10-1912	PRAGUE
CZECH	"	ZYTWA	HELENE	16-7-1916	Pařkau
POLISH	"	LISICKA	LUCYNA	7-1-1902	Warsaw
CZECH	"	KAUMANN	JOHANNA	17-5-1894	Prague

Square 2-Bl. 47

POLISH		HABER	ESTERA	15-9-1898	Cracow
POLISH	"	HABER	HALINA	28-5-1923	Cracow
POLISH	"	EISENBERG	LOLA	11-8-1921	Radomysl-Wielki
POLISH	"	EISENBERG	FRIEDA	12-2-1926	Radomysl-Wielki
POLISH	"	KUPER	ESTERA	30-11-1926	LODZ
POLISH	"	GUTGLASS	FESEL	22-2-1921	Jawormo
POLISH	"	GOLDSTEIN	REGINA	4-2-1920	Lodz
POLISH	"	GRANDOWICZ	MARIA	5-3-1926	Lodz
POLISH	"	SILBER	HALINA	16-6-1926	Lodz
POLISH	"	GRAIMAN	FELA	20-4-1920	Kocin
HUNGARIAN	"	FRIEDMAN	JULI	10-11-1928	Irsawa
POLISH	"	BRIN	MARIA	8-9-1918	Lodz
POLISH	"	FRIEDMAN	GELA	1912	
GREEK	"	ANGEL	IDA	4-3-1904	ATHEN
CZECH	"	JAKUBOWICZ	TERESA	19-1-1924	
POLISH	"	KOSSMAN	STEFANIA	8-1-1908	Wloclanek
CZECH	"	HERZKOWICZ	ROSA	18-1-1930	Ilonco
POLISH	"	GROSSLAW	MANA	23-12-1924	Czestochowa
POLISH	"	WEIS	IDA	30-11-1927	Brzeziny
HUNGARIAN	"	HORSOS	MARGIT	17-1-1917	Bastoregnye
CZECH	"	FRIEDMAN	MARIA	20-1-1924	Mokorio
HUNGARIAN	"	MAJ	HILDE	15-11-1910	Budapest
CZECH	"	RUZNER	MINA	27-7-1926	Berehsan
HUNGARIAN	"	RUTH	RUSI	16-5-1923	Marmoros-Siget
CZECH	"	STRAUS	ADELA	10-5-1926	Trencin
POLISH	"	JAKODA	DORA	15-1-1924	Sosnowice
POLISH	"	FELD	ESTHERA	10-12-1922	Lodz
POLISH	"	LENBEAN	ROSA	16-9-1926	Lodz
HUNGARIAN	"	FELIKAN	OOLA	14-7-1910	Budapest
POLISH	"	GOLICKA	DORA	20-3-1924	Lodz
POLISH	"	ZYLBERING	REGINA	24-12-1926	Sosnowice
HUNGARIAN	"	LOB	DORA	13-11-1926	Klosenburg
HUNGARIAN	"	KLEINMAN	IDA	16-9-1923	Klosenburg
POLISH	"	LIPSZIG	RYWKA	14-9-1924	Lodz

Lista de libertação de Bergen-Belsen com o nome de Rywka (último nome da página) e uma ampliação de seu nome.

Registro dos deslocados de guerra onde estava Rywka Lipszyc.

Registro dos deslocados de guerra onde estava Esther Lipszyc.

Registro dos deslocados de guerra onde estava Minia Lipszyc.

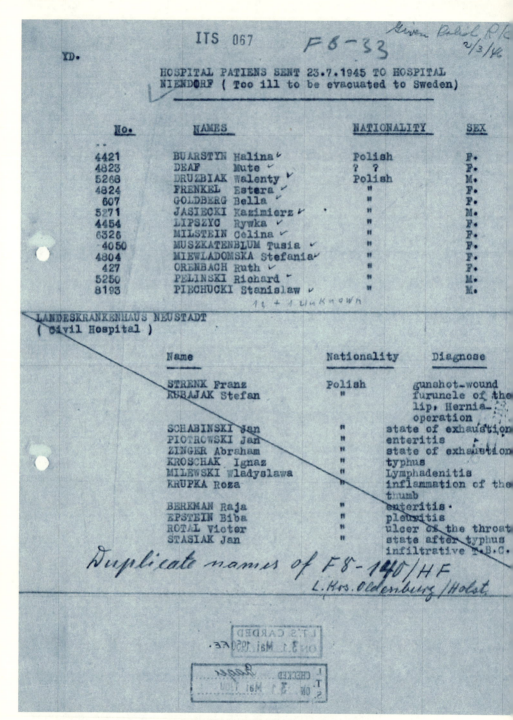

O nome de Rywka Lipszyc aparece em uma lista de pacientes transferidos para um hospital em Niendorf em 23 de julho de 1945. Título do documento: "Pacientes enviados 23.7.1945 ao Hospital Niendorf (muito doentes para serem evacuados para a Suécia)".

O nome de Rywka aparece na lista de adoção na linha número 7. Sua tia Hadassah (aqui Chaya) a adotou após a morte de sua mãe em 8 de julho de 1942.

OUTRO MISTÉRIO

Este bilhete escrito por Zinaida Berezovskaya foi encontrado entre os itens que ela deixou junto ao diário de Rywka Lipszyc. Descreve onde ela encontrou o diário e fala sobre sua tentativa de traduzi-lo.

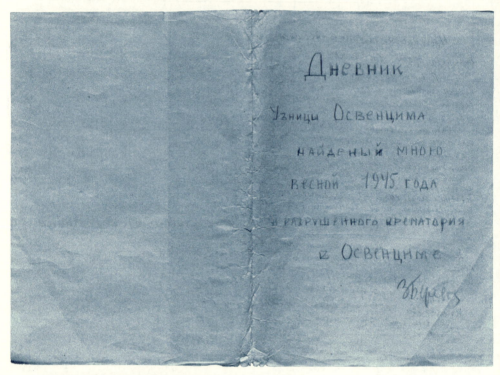

Tradução da primeira página do bilhete:
Diário da prisioneira de Oswiecim encontrado por mim na primavera de 1945 perto das ruínas de um crematório em Oswiecim

Zinaida Berezovskaya

O bilhete escrito por Zinaida Berezovskaya traz ainda outro mistério para a história do diário de Rywka. Nele, a dra. Berezovskaya descreve suas tentativas de conseguir que traduzissem o diário e diz que os poloneses tiveram problemas para traduzi-lo porque combinava "língua judaica moderna e antiga", uma possível referência ao hebraico e ao iídiche. No entanto, Rywka escreveu seu diário quase inteiramente em polonês.

Foi mencionado que o diário teria sido escrito em Auschwitz por uma mãe de luto pela filha. No entanto, como sabemos, Rywka Lipszyc era uma menina de catorze anos quando o escreveu no gueto de Lodz. Não temos explicação para a discrepância entre o diário real e o descrito no bilhete da dra. Berezovskaya.

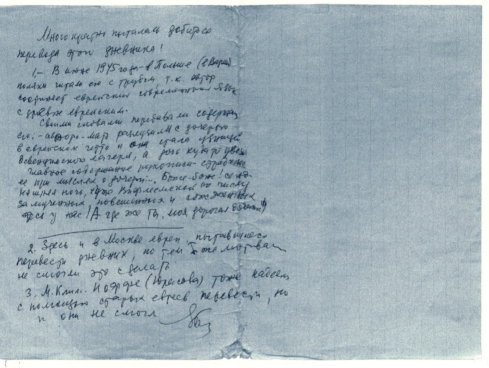

Tradução da segunda página do bilhete:
Muitas vezes tentei providenciar uma tradução para este diário!
1. Em junho de 1945, na Polônia (Varsóvia), os poloneses leram com dificuldade, já que a autora combina língua judaica moderna e antiga.
Em suas próprias palavras, relacionaram o conteúdo:
A autora — a mãe — foi separada da filha em um gueto judaico e se tornou prisioneira em Auschwitz, enquanto a filha foi levada para outro lugar.
Tema principal do manuscrito — o sofrimento da mãe ao pensar na filha:
"D-us! D-us! A noite passada foi pior que a noite de Belém em relação ao número de torturados e mortos, enforcados e queimados aqui conosco. E onde está você, minha querida filha?!"
2. Aqui em Moscou os judeus que tentaram traduzir o diário também não conseguiram pelos mesmos motivos.
3. M. Klim. Ioffe (Yurasova) também esperava traduzi-lo com a ajuda de outros judeus, mas não conseguiram.

Zinaida Berezovskaya

AGRADECIMENTOS

Todos agradecimentos devem começar pelo início. Acima de tudo, devemos agradecer a Rywka Lipszyc, autora do diário; ao integrante desconhecido do Sonderkommando que enterrou o diário no solo próximo ao crematório III em Birkenau, protegendo-o, assim, da destruição; e a Zinaida Berezovskaya, a médica soviética que recuperou o diário e o manteve em segurança.

Nosso sincero agradecimento à neta de Zinaida, Anastasia Berezovskaya, que trouxe o diário até nós em 2008, permitindo que compartilhássemos as palavras de Rywka com o público. Sem a dedicação e o cuidado de Anastasia, o diário poderia ter se perdido para sempre.

Agradecimentos calorosos a Leslie Kane, ex-diretora executiva do Holocaust Center of Northern California, por seu apoio e sua liderança ao iniciar a publicação do projeto; a Zachary Baker, bibliotecário universitário assistente do desenvolvimento do acervo da área de ciências humanas e sociais e curador do acervo judaico e hebraico da Universidade de Stanford; a Robert Moses Shapiro, professor de estudos judaicos da Faculdade do Brooklyn, por compartilhar seu vasto conhecimento sobre o gueto de Lodz, providenciar os contatos com acadêmicos e historiadores na Polônia e por seu comprometimento com os estudos sobre o Holocausto; a Marek Web, ex-arquivista do YIVO, por analisar e autenticar o diário; a Tracy Randall e Fenwick & West, pela consultoria; a E. M. Ginger e a 42-line, especialistas em digitalização, por suas reproduções incríveis do diário de Rywka e de outros documentos; e a Karen Zukor, da Zukor Art Conservation, pela avaliação do diário e pelas recomendações quanto aos cuidados a serem tomados.

A Ewa Wiatr, do Centro de Pesquisas Judaicas da Universidade de Lodz, que tem sido uma parceira neste projeto desde o início. Ewa transcreveu o diário, foi a primeira a identificar Rywka e sua família, e providenciou as notas. Durante todo o projeto, continuou a fornecer suporte e a compartilhar seu conhecimento de especialista sobre a história do gueto de Lodz e o conteúdo do enorme Arquivo Público de Lodz, onde são mantidos os documentos sobre o gueto. Obrigada também a seu colega Adam Sitarek pela assistência apaixonada durante as pesquisas na Polônia.

Muitos auxiliaram na tradução: Ewa Basinska, do polonês; John Bass, do alemão; Alon Altman, Shira Atik e Inga Michaeli, do hebraico para o inglês; Malgorzata Szajbel-Kleck, tradução inicial do diário; e Malgorzata Markoff, tradução final do diário.

Apoio e incentivo contínuos vieram de muitas pessoas atenciosas, incluindo Gunda Trepp, Adrian Schrek e Eda e Joseph Pell. A liderança e o apoio financeiro de longa data de Ingrid Tauber também foram essenciais para o sucesso deste projeto e do JFCS Holocaust Center e da Lehrhaus Judaica em geral.

Também agradecemos à equipe do Projeto de Recuperação de Nomes do Yad Vashem, especialmente a Cynthia Wroclawski e Debbie Berman, cujo trabalho excepcional tornou possível o contato com as duas primas de Rywka sobreviventes. O conhecimento de testemunhas oculares sobre a vivência de Rywka no gueto e nos campos veio dessas primas — Minia Boyer e Esther Burstein —, que reconstruíram suas vidas em Israel após a guerra. Também agradecemos a Hadassa Halamish, filha de Minia Boyer, que contribuiu com as lembranças da família e que é um exemplo pela sua dedicação à educação sobre o Holocausto.

Muitos arquivistas, historiadores, estudantes e pesquisadores forneceram assistência essencial, informações e pistas valiosas:

- Bernd Horstmann, curador do Registro de Nomes dos prisioneiros do campo de concentração de Bergen-Belsen, que descobriu que o nome de Rywka não estava na lista de mortos de Bergen-Belsen e deu início às pesquisas para descobrir seu destino;
- Steven Vitto, do Centro de Recursos para Vítimas e Sobreviventes do Holocausto, Museu Memorial do Holocausto, em Washington, nos Estados Unidos;

- Susanne Urban e Elfi Rudolph, do Serviço Internacional de Buscas, Bad-Arolsen, Alemanha;
- Daniel Kazez, do grupo de pesquisa de Czestochowa-Radomsko;
- Nathan Tallman e Kevin Profitt, dos Arquivos Judaicos Americanos;
- Dr. Wulf Pingel, do Landesarchiv Schleswig-Holstein;
- Marco Lach e Meike Kruze, dos Arquivos de Hansestadt Lübeck;
- Franz Siegle e John Pierce, pela pesquisa na Universidade de Heidelberg;
- Jürgen Sielemann, ex-arquivista dos Arquivos Públicos de Hamburgo;
- Heike Hennigsen, do Friedhofsverwaltung, Kirchengemeinde Niendorf/Ostsee;
- Leonid Kogan, curador do Museu Congregação Judaica de Lübeck;
- Peter Honigmann, do Zentralarchiv zur Erforschung der Geschichte der Juden in Deutschland, Heidelberg, Alemanha;
- Anke Hönnig, do Staatsarchiv, Hamburgo;
- Marek Jaros e Howard Falksohn, Biblioteca Wiener, Londres;
- Angela Skitt e Anne George, arquivistas de projeto e coleções especiais da Biblioteca de Pesquisa de Cadbury, Universidade de Birmingham;
- Bruno Derrick, oficial de investigação remota dos Arquivos Nacionais, Reino Unido;
- Jan Brunius, do Riksarkivet, Suécia;
- Oliver Vogt, do *Lübecker Nachrichten*.

Mais recentemente, Daniela Teudt se juntou à pesquisa, trazendo dedicação e criatividade ao processo de descoberta e fornecendo mais de uma pista. Também somos gratos a Ewa Wiatr, Adam Sitarek, Bernd Horstmann, Dagmar Lieske, Leonid Kogan e Christoph Carlson, por seu apoio e assistência durante a pesquisa de outubro de 2012 na Europa.

Agradecemos também à nossa equipe de produção: Victoria Cooper, gerente de projeto da Jewish Family and Children's Services, e Vicki Valentine, que criou o design da edição original deste livro.

Também somos gratos àqueles que trabalharam juntos para trazer este diário ao público. Fred Rosenbaum, diretor fundador da Lehrhaus Judaica, por seus estudos, discernimento e dedicação, assim como por sua contribuição com o ensaio sobre o gueto de Lodz; Alexandra Zapruder, por sua sensibilidade e compreensão de Rywka e seu diário, pela edição exata do diário e pela bela introdução; e especialmente a Judy Janec, ex-diretora da Biblioteca Tauber Holocaust do JFCS Holocaust Center em San Francisco. Desde a primeira vez em que viu o diário, em 2008, Judy foi a principal coordenadora do esforço para publicá-lo. Sem seu profundo comprometimento, dedicação e engenhosidade, talvez nunca tivéssemos encontrado as primas sobreviventes de Rywka ou rastreado sua sobrevivência após a libertação de Bergen-Belsen.

Agradecemos também aos conselhos de administração da JFCS (Susan Kolb, presidente) e da Lehrhaus Judaica (Eve Bernstein, presidente), e a equipe do JFCS Holocaust Center por seu importante papel no apoio à educação sobre o Holocausto.

Somos especialmente gratos pela orientação do Center's Council of Children of Holocaust Survivors, cujos membros são Dennis Albers, Riva Berelson, Robert Blum, Elliott Felson, Adean Golub, Davina Isackson, Moses Libitzky, Susan Lowenberg, Joyce Newstat, Paul Orbuch, Karen Pell, Didier Perez, Lydia Shorenstein, Ingrid Tauber e Susan Wilner Golden.

O trabalho de publicação deste livro foi feito com dedicação e amor, e foi apoiado por filantropos generosos e visionários. Nossa gratidão a:

- The Pell Family Foundation;
- The Laszlo N. Tauber Family Foundation;
- The Irving and Gloria Schlossberg Family Fund of the Community Foundations of the Hudson Valley;
- The Tartakovsky Family Fund;
- The Taube Foundation for Jewish Life & Culture;
- Minia Boyer;
- The Koret Foundation;
- The Joseph & Rita Friedman Family Fund;
- The Rozsi & Jeno Zisovich Fund.

Por último, mas não menos importante, somos gratos à diretora executiva da JFCS, dra. Anita Friedman, por sua liderança e por seu comprometimento com a educação sobre o Holocausto, que inspira gerações futuras a serem mais corajosas. Sem a sua liderança, a publicação do diário de Rywka não teria sido possível.

REFERÊNCIAS BIBLIOGRÁFICAS

BENTWICH, Norman. *They Found Refuge*. Londres: Cresset, 1956.

BEZWINSKA, Jadwiga (Org.). *Amidst a Nightmare of Crime: Notes of Prisoners of Sonderkommando Found at Auschwitz*. Trad. de Krystyna Michalik. Oswiecim: Publications of State Museum at Oswiecim, 1973.

COHEN, Nathan. "Diaries of the Sonderkomanndos in Auschwitz: Coping with Fate and Reality". *Yad Vashem Studies*, Jerusalém: Yad Vashem, v. XX, 1990. Dir. de Aharon Weiss.

CZECH, Danuta. *Auschwitz Chronicle: 1939-1945*. Nova York: Henry Holt and Company, 1990.

DAS GESICHT Des Gettos: *Bilder Jüdischer Photographen aus dem Getto Litzmannstadt, 1940-1944*. Berlim: Stiftung Topographie Des Terrors, 2010.

DIDI-HUBERMAN, Georges. *Images in Spite of All: Four Photographs from Auschwitz*. Chicago: University of Chicago Press, 2008.

DOBROSZYCKI, Lucjan (Org.). *The Chronicle of the Lodz Ghetto, 1941-1944*. Trad. de Shane B. Lillis. New Haven: Yale University Press, 1984.

GREIF, Gideon. *We Wept Without Tears: Testimonies of the Jewish Sonderkommando from Auschwitz*. New Haven: Yale University Press, 2005.

GROSSMAN, Mendel. *With a Camera in the Ghetto*. Org. de Zvi Szner e Alexander Sened. New York: Schocken, 1977.

GUMKOWKSI, Janusz. *Brief aus Litzmannstadt*. Org. de Adam Rutkowski e Arnfrid Anste. Köln: Friederich Middelhauve, 1967.

HORWITZ, Gordon J. *Ghettostadt: Lodz and the Making of a Nazi City*. Cambridge, MA: The Belknap Press of Harvard University Press, 2008.

LANGBEIN, Hermann. *People in Auschwitz*. Trad. de Harry Zohn. Chapel Hill: The University of North Carolina Press; Washington: United States Holocaust Memorial Museum, 2004.

LAVSKY, Hagit. *New Beginnings: Holocaust Survivors in Bergen-Belsen and the British Zone in Germany, 1945-1950*. Detroit: Wayne State University Press, 2002.

LEVI, Primo. *The Drowned and the Saved*. Nova York: Summit, 1988.

LIBITZKY, Eva; ROSENBAUM, Fred. *Out on a Ledge: Enduring the Lodz Ghetto, Auschwitz, and Beyond*. River Forest: Wicker Park, 2010.

LITZMANNSTADT Getto. Disponível em: <http://www.lodz-ghetto.com>. Acesso em: 2011-2.

MANKOWITZ, Zeev W. *Life between Memory and Hope: The Survivors of the Holocaust in Occupied Germany*. Cambridge, Inglaterra: Cambridge University Press, 2002.

MARK, Ber. *The Scrolls of Auschwitz*. Tel Aviv: Am Oved Publishers, 1985.

PATT, Avinoam J.; BERKOWITZ, Michael (Orgs.). *"We Are Here": New Approaches to Jewish Displaced Persons in Postwar Germany*. Detroit: Wayne State University Press, 2010.

POST-WAR Europe: Refugees, Exile and Resettlement: 1945-1950. Boston: Gale Cengage Learning, 2007. Edição digital.

PRESSAC, Jean-Claude. *Auschwitz: Technique and Operation of the Gas Chambers*. Nova York: Beate Klarsfeld Foundation, 1989.

PRSTOJEVIC, Alexandre. "L'Indicible et la fiction configuratrice". *Protée*, v. 37, n. 2, pp. 33-44, 2009. Disponível em: <http://id.erudit.org/iderudit/038453ar>. Acesso em: 16 abr. 2012.

REES, Laurence. *Auschwitz: A New History*. New York: PublicAffairs, 2005.

ROSENFELD, Oskar. *In the Beginning Was the Ghetto*. Org. de Hanno Loewy. Trad. de Brigitte Goldstein. Evanston: Northwestern University Press, 2002.

SELVER-URBACH, Sara. *Through the Window of My Home: Recollections from the Lodz Ghetto*. Trad. de Siona Bodansky. Jerusalém: Yad Vashem, 1986.

SHAPIRO, Robert Moses (Org.). *Holocaust Chronicles: Individualizing the Holocaust Through Diaries and Other Contemporaneous Personal Accounts*. Hoboken: KTAV, 1999.

SHEPHARD, Ben. *After Daybreak: The Liberation of Bergen-Belsen, 1945*. Nova York: Schocken, 2005.

_____.*The Long Road Home: The Aftermath of the Second World War*. Nova York: Alfred A. Knopf, 2010.

SINGTON, Derrick. *Belsen Uncovered*. Londres: Duckworth, 1946.

STONE, Dan. "The Sonderkommando Photographs". *Jewish Social Studies*, New Series, v. 7, n. 3, pp. 131-48, 2001. Disponível em: <http://www.jstor.org/stable/4467613>. Acesso em: 16 maio 2012.

STRUK, Janina. *Photographing the Holocaust: Interpretations of the Evidence*. Londres: I. B. Tauris; European Jewish Publication Society, 2005.

STRZELECKI, Andrezej. *The Deportation of Jews from the Lodz Ghetto to KL Auschwitz and Their Extermination: A Description of the Events and a Presentation of Historical Sources*. Oswiecim: Auschwitz-Birkenau State Museum, 2006.

_____.*The Evacuation, Dismantling and Liberation of KL Auschwitz*. Trad. de Zbirohowski-Koscia. Oswiecim: Auschwitz-Birkenau State Museum, 2001.

TRUNK, Isaiah. *Lodz Ghetto: A History*. Trad. e org. de Robert Moses Shapiro. Bloomington: Indiana University Press; Washington: United States Holocaust Memorial Museum, 2006.

UNGER, Michal. *The Last Ghetto: Life in the Lodz Ghetto, 1940-1944*. Jerusalém: Yad Vashem, 2004.

WYMAN, Mark. *DPs: Europe's Displaced Persons, 1945-1951*. Ithaca: Cornell University Press, 1989.

ZELKOWICZ, Josef. *In Those Terrible Days: Notes from the Lodz Ghetto*. Org. de Michal Unger. Jerusalém: Yad Vashem, 2002.

CRÉDITOS DAS IMAGENS

p. 10: *Jovens judias escrevendo e estudando juntas no gueto de Lodz*. Cortesia de Archiwum Panstwowego w Lodz/ Registro 1108:61-2026-4.

p. 14: Cortesia de Yad Vashem Photo Archive/ Registro 4062-200

p. 15: Cortesia de Archiwum Panstwowego w Lodz.

p. 17: Cortesia de Yad Vashem Photo Archive/ Registro 4062-189.

p. 18: Cortesia de Yad Vashem Photo Archive/ Registro 4062-410.

p. 19: Cortesia de Yad Vashem Photo Archive/ Registro 4062-53.

p. 21: Cortesia de Archiwum Panstwowego w Lodz/ Registro 1108:28-853-7.

p. 22: Cortesia de Archiwum Panstwowego w Lodz/ Registro 1108:8-210-2.

p. 23: Cortesia de Archiwum Panstwowego w Lodz/ Registro 1109:71-2369-3.

p. 25: Cortesia de Yad Vashem Photo Archive/ Registro 4062-166.

p. 27: Cortesia de Yad Vashem Photo Archive/ Registro 4062-461.

p. 29: Cortesia de Yad Vashem Photo Archive/ Registro 4062-370.

p. 31: Reprodução de Sara Selver-Urbach, *Through the Window of My Home: Memories from Ghetto Lodz*. Carol Publishing Group, 1998.

p. 39: Cortesia de Yad Vashem Photo Archive/ Registro 4062-360.

p. 43: Cortesia de Yad Vashem Photo Archive/ Registro 4062-109.

p. 47: Instytut Pamieci Narodowej/ Cortesia de United States Holocaust Memorial Museum/ Fotografia n. 50334.

p. 49: Cortesia de United States Holocaust Memorial Museum/ Fotografia n. 21400. Cortesia de Ruth Eldar.

p. 150: *Cidade de Lodz antes do Holocausto*. Cortesia de Gérard Silvain, Fonds Gérard e Olivier Silvain.

p. 155: Cortesia de Yad Vashem Photo Archive/ Registro 37B07.

p. 157: Cortesia de Gérard Silvain, Fonds Gérard e Olivier Silvain.

p. 158: Cortesia de United States Holocaust Memorial Museum/ Fotografia n. 63014B. Cortesia de Gila Flam.

p. 161: Cortesia de Yad Vashem Photo Archive/ Registro 4062-365.

p. 162: Cortesia de Yad Vashem Photo Archive/ Registro 4062-311.

p. 163: Cortesia de Archiwum Panstwowego w Lodz/ 1108:37-1266-7.

p. 167: Cortesia de Yad Vashem Photo Archive/ Registro 4062-459.

pp. 168-9: Cortesia de Yad Vashem Photo Archive/ Registro 4062-160.

p. 170: *Mulher escrevendo uma carta antes de embarcar em um trem de deportação.* Cortesia de Yad Vashem Photo Archive/ Registro 4062-161.

pp. 178; 181: Cortesia de Judy Janec.

pp. 184-5: Cortesia de Anastasia Berezovskaya.

p. 186: "Lista de cidadãos liberados em Bergen-Belsen". United States Holocaust Memorial Museum, compilação de Ceges/ Soma microfilme RG 65 001M, fila 64, arquivo 4823.

p. 187, acima: "Rywka Lipszyc — Registro de Deslocados da Força Expedicionária Aliada", 10 de setembro de 1945. United States Holocaust Memorial Museum, Serviço Internacional de Busca/ Número da unidade de arquivo 3.1.1.1/ Documento n. 68068248; meio: "Esther Lipszyc — Registro de Deslocados da Força Expedicionária Aliada", 10 de setembro de 1945. United States Holocaust Memorial Museum, Serviço Internacional de Busca/ Número da unidade de arquivo 3.1.1.1/ Documento n. 68067236; abaixo: "Minia Lipszyc — Registro de Deslocados da Força Expedicionária Aliada", 10 de setembro de 1945. United States Holocaust Memorial Museum, Serviço Internacional de Busca/ Número da unidade de arquivo 3.1.1.1/ documento n. 68068098.

p. 188: Doc. n. 70623435#1/ Digital Archives/ ITS Bad Arolsen.

p. 189: Cortesia de Archiwum Panstwowego w Lodz.

Esta obra foi composta por Joana Figueiredo em Miller Text
e impressa em ofsete pela Gráfica Bartira sobre papel pólen soft da
Suzano Papel Celulose para a Editora Schwarcz em junho de 2015

A marca FSC* é garantia de que a madeira utilizada na fabricação deste livro provém de florestas que foram gerenciadas de maneira ambientalmente correta, socialmente justa e economicamente viável, além de outras fontes de origem controladas